Saggi

VITTORINO ANDREOLI

LA DITTATURA DEL DENARO

Contro le menzogne dell'economia

SOLFERINO

SOLFERINO

www.solferinolibri.it

ISBN 978-88-282-1344-4
Prima edizione: gennaio 2024

La dittatura del denaro

L'economia è una menzogna
Serge Latouche

I.
L’economia del denaro

L'economia tra le scienze dell'uomo

Economia nell'etimo greco deriva da *οἶκος* (casa) e *νόμος* (norma, legge), significa pertanto gestione della casa, amministrazione delle cose e delle attività domestiche. Utile ricordare il significato originale, poiché precisa che l'economia ha un riferimento alla famiglia, intesa, nell'espressione più semplice, come luogo in cui le persone vivono insieme.

Il riferimento è dunque a una ben identificata realtà esistenziale, formata da esseri umani.

Il senso dell'economia non muta quando ci si riferisce, invece che a casa, a un villaggio, a una città, persino a una nazione. E oggi vi sono entità più ampie, come l'Europa. Con il termine *globalizzazione* dei mercati, si è addirittura guardato alla Terra come unità, giungendo a una casa allargata a tutti gli abitanti del pianeta, oltre otto miliardi, permettendo così di parlare di geo-economia.

Queste considerazioni legate alla parola economia riportano anche alla politica per la radice etimologica *πόλις*, e Platone le conferisce un significato economico, definendola «*amministrazione della res publica*».

Il termine economia ha dunque una dimensione pubblica, nella sua massima estensione, e privata quando è riferita alla famiglia.

Si pone fin dall'origine della nostra civiltà la questione se l'economia sia una scienza o un'arte. E per restare dentro il fascino delle parole occorre ricordare che il termine τέχνη nel senso antico rimanda ad arte, mentre oggi la tecnologia riporta a scienza, dalle cui scoperte si sviluppa.

Nella storia dell'Occidente arte e scienza hanno avuto un significato persino contrapposto, soprattutto a partire dal Rinascimento, quando si è definito per la scienza il criterio della logica razionale come fondamento per raggiungere la «verità», mentre le arti riportano alla creatività, l'ispirazione. E se da una parte si pongono Bacone e Galileo, dall'altra si indicano Leonardo da Vinci e Michelangelo.

Nella nostra società, pertanto, l'uso del termine *razionale* segna uno spartiacque.

Ho raccolto le definizioni di *economia* date nel tempo presente, e l'elemento, forse l'unico, che le accomuna è proprio l'uso del termine razionale, a indicarne il fondamento scientifico.

Usato anche per differenziarla dalla finanza, legata più a un empirismo creativo fortemente condizionato dal contesto del momento. E certamente la razionalità, come sistema metodologico, non ha una variabile nel tempo, poiché presuppone di dare risposte che valgono in qualunque tempo e spazio, e condurre a un'unica conclusione possibile.

La radice *νόμος* va intesa dunque scientificamente, per cui l'economia affronta la gestione della casa su una base razionale. Ed è quindi appropriato il termine di *scienza economica*.

In modo generale viene precisato che questa denominazione non ha il senso delle *scienze della natura,* la cui caratteristica è di riferirsi a «oggetti» da cui si ottengono conoscenze, come nel caso della fisica, ma lo si deve intendere nel significato delle *scienze sociali,* il cui riferimento è l'uomo e l'esempio, in questo caso, è dato dalla psicologia o meglio ancora dalla sociologia.

È indubbio che anche le scienze sociali studiano gli argomenti razionalmente, ma le variabili sono maggiori poiché rimane a fondamento l'individuo, che è una entità persino irripetibile. Pertanto qualsiasi definizione si dia dell'uomo, rimane una distanza ineliminabile tra un *esistente* e un *oggetto* della natura.

Le scienze sociali giungono a conclusioni che mancano della rigidità propria delle scienze naturali. Un rilievo ampiamente condiviso, tanto che in una terminologia più recente si parla di scienze *hard* e scienze *soft,* esprimendo così il fondamento razionale, in rapporto a «oggetti» molto diversi.

Bene lo capisce chi si occupa di comportamento umano nella dimensione delle psicologie. Le si definisce *scienze dell'uomo*, termine coniato da Jean Piaget, per sottolinearne la specificità.

Abbiamo semplificato il più possibile questo percorso, pur con la consapevolezza che ogni schematismo e suddivisione, tipici delle analisi della civiltà occidentale, non devono creare barriere insormontabili né contrastare una visione olistica, caratteristica dell'interpretazione orientale.

Chi non è economista ma studia l'uomo, non si sente lontano dal proprio ambito, poiché l'economia, come *gestione della casa,* rimanda ai bisogni dei componenti che la abitano. Il comportamento umano, sia pure non nella dimensione dell'io, ma in quella del *noi*, pronome che è insito nella costituzione dei gruppi, riporta sempre a pulsioni biologiche, oppure bisogni emergenti nelle relazioni interpersonali o sociali.

Riconosciuta l'appartenenza scientifica all'economia, occorre allora identificare il comportamento specifico che la caratterizza. E a questo proposito, esce un'altra parola: *denaro*.

In una delle definizioni di economia, essa viene delineata come scienza che si occupa dell'«impiego razionale del denaro» e di qualsiasi altro mezzo diretto a ottenere il massimo vantaggio con il minimo sacrificio. Il denaro diventa dunque l'«oggetto», reale o simbolico, a cui si legano comportamenti umani come il bisogno di possederlo, ottenendolo per profitto.

Per fare un rapido confronto con la scienza psicologica (a cui appartengo), è possibile dire che si occupa delle relazioni intersoggettive con lo scopo di scoprire i processi per ottenerne gratificazione, uno stato d'animo che dispone alla comunicazione e alla cooperazione. *In primis* alle relazioni tra generi, ma anche tra ruoli familiari, in una varietà di forme che vanno dall'amore fino alla solidarietà, espressa all'interno di un gruppo, anche senza che vi sia una diretta conoscenza.

E ciò vale anche per la psichiatria (la mia specialità) che si pone lo scopo di riconoscere e di poter curare i disturbi di personalità, al fine di rendere possibile stabilire rapporti interpersonali adeguati e gratificanti e partecipare a una esistenza attiva.

L'appartenenza comune dell'economia all'ambito delle scienze umane si lega all'avere come «oggetto» l'uomo, visto in una specifica dimensione. E se all'economia si attribuisce come riferimento il denaro, lo si deve intendere alla maniera di un comportamento umano, in cui il denaro permette la «sopravvivenza», ma anche il «potere», insito in quella parola *profitto* che per l'economia è la modalità per ottenerlo.

Per legare insieme economia e psicologie, è utile riferirsi a meccanismi e dinamiche comportamentali che caratterizzano tutti gli uomini. Un tema che, di conseguenza, ha una connotazione biologica.

A esprimerla sono i bisogni che rappresentano la base per poter vivere.

La questione diventa se la dimensione entro cui si colloca il denaro rappresenti la risposta a un bisogno essenziale.

Gli imperativi per la sopravvivenza

Charles Darwin ha indicato gli *imperativi per la sopravvivenza*, un termine che definisce proprio la *conditio sine qua non* è possibile la vita.

Il primo è dato dall'*alimentazione*, con il compito di mettere dentro la macchina umana l'energia necessaria a funzionare. Il secondo sottolinea la *necessità di un territorio,* entro cui avvertire sicurezze. Non si riferisce unicamente allo spazio ma anche alle persone. Basti pensare a un neonato che, senza la madre che lo accoglie e lo difende, non potrebbe vivere. Il terzo imperativo darwiniano è quello *generativo*, l'attività che garantisce il proseguimento della specie umana.

La specie continua poiché i rapporti sessuali tra uomo e donna si svolgono con il criterio di natura che, non necessariamente, prevede la famiglia. Occorre ricordare poi che il ruolo del maschio nel generare è una scoperta molto recente e si situa intorno a 8-7000 anni prima dell'era cristiana, in Mesopotamia.

Mi pare che legare il denaro a qualcuno degli imperativi sia possibile ma mancherebbe della necessità, poiché queste tre funzioni non attribuiscono al denaro in alcun modo la funzione della sopravvivenza. Se consideriamo che, nella storia dell'antropologia, questo «personaggio» è molto recente, ne deriva inoltre che, per gran parte della storia umana, non è proprio esistito.

È entrato nei commerci come la soluzione al *baratto*, nel momento in cui con la navigazione occorreva trovare un sistema che evitasse il bisogno della presenza dell'«oggetto» allo scopo di scambiarlo con un altro.

Nella civiltà occidentale il riferimento va alla Grecia antica e alla caratteristica di spostarsi da un'isola all'altra, tra luoghi di scambio che presentavano già le caratteristiche del mercato. Vale anche per gli spostamenti tra villaggi isolati che ancora esistono in Nuova Guinea e in alcuni luoghi dell'Africa sub-sahariana.

Il grande cambiamento rispetto alle società moderne serve a sottolineare un'importante differenza tra la *sopravvivenza* darwiniana e la *qualità* della vita che comporta nuovi bisogni, una volta che i primi siano garantiti.

La piramide dei bisogni di Abraham Maslow che vede alla base quelli darwiniani e, via via, sovrapposti i bisogni per vivere in modo da dare risposte alle esigenze psicologiche.

Non vi è dubbio che la sopravvivenza è legata a necessità corporee, mentre è probabile che quelle psichiche compaiano successivamente nell'evoluzione, che si inseriscano pertanto quando gli imperativi sono assicurati.

La psiche, oggi lo sappiamo, è l'insieme delle funzioni mentali che emergono dal cervello. Si conosce abbastanza bene attraverso l'archeologia che, nell'evoluzione, si sono susseguite forme umane distinte proprio per la capienza del cranio che contiene il cervello. Da *Homo habilis* a *erectus* e via via all'*Homo sapiens sapiens* vi è una progressione di nuovi bisogni che tracciano anche le risposte messe in pratica nel tempo.

Il denaro entra tra le risposte date alla qualità della

vita e in particolare sostiene la differenziazione degli uomini in base alla forza, grazie alla quale ci si può imporre su chi si mostra più debole.

Ne deriva che la percezione di dominare attraverso la forza è un bisogno fondato sulla diversità. Inizialmente era fisica, legata cioè alle caratteristiche del corpo quali lo sviluppo muscolare, la velocità che si poteva raggiungere nella corsa come segno di una abilità che distingueva alcuni rispetto ad altri, e che permetteva di stabilire gerarchie con cui differenziare il più forte, quello che finiva per essere rispettato in quanto temuto da una intera comunità.

Non vi è dubbio che, in questa prima rappresentazione, il genere femminile, a causa della sua costituzione fisica e della condizione della maternità, veniva addirittura escluso da una gerarchia basata sulla forza, divenendo così il genere sottomesso.

Inizialmente la forza non aveva un ruolo all'interno del villaggio, serviva invece a impedire che altri villaggi ne occupassero il territorio. Si può così immaginare la costituzione di un gruppo guerriero, che aveva al proprio interno ruoli diversificati in base alla forza-potere.

Un salto che mette a soqquadro questo ordine avviene con la scoperta delle *protesi* del corpo umano, capaci di potenziare la dotazione fisica.

Un uomo debole con il bastone poteva raggiungere una forza superiore a quella del capo. Al bastone si è aggiunto l'uso delle pietre che potevano colpire a distanza evitando, quindi, quel confronto diretto che la forza naturale richiedeva.

Il bastone diventa poi giavellotto, il sasso viene lanciato da una fionda e, a questo proposito, non si può dimenticare che David riuscì con la fionda a battere Golia, che aveva una forza muscolare invincibile.

Si potrebbe continuare, passo per passo, arrivando alla storia delle armi nell'ambito della vita di un singolo e, poi, di una città e di una nazione.

Una storia di grandi scoperte che rientrano in quel bisogno di difesa ma, al contempo, di possibilità di offesa. Non esistono armi specificamente difensive che non siano allo stesso tempo offensive.

È quello del potere il *fil rouge* della storia umana.

È possibile raccontarne un'altra, usando l'espressione «valore». Se nel primo caso la forza appartiene al corpo, sia pure con tutte le protesi, nel secondo la connotazione è più psicologica. Il termine valore ha un'ampia significazione e si fonda su caratteristiche che non sono distruttive come la potenza fisica ma che, pur avendo dimensioni differenti tra gli uomini, ha un significato positivo, persino costruttivo.

Un primo elemento che entra in questa distinzione è «conoscenza», un sapere che acquisisce il significato di aiutare a vivere. Nell'antropologia rimanda al vecchio, al più vecchio come colui che conosce meglio la storia del villaggio, in quanto ha avuto esperienza diretta di tutti gli accadimenti e ha visto come dare soluzione ai problemi che il villaggio ha dovuto affrontare.

Un esempio pratico è quello degli spostamenti nella foresta ed è classica la colonna, composta da diverse persone con davanti il vecchio che tiene in mano il bastone, mentre dietro ci sono i portatori e le donne con i bambini. Quel bastone in mano al vecchio aveva un grande valore, poiché poteva bloccare un serpente facendolo arrotolare attorno, fino a poterlo colpire sulla testa.

La conoscenza è dunque un valore difensivo, che non

ha un significato di lotta ma di pura difesa. E il bastone è diventato il simbolo di quella capacità, sia nell'ambito civile sia in quello religioso.

Un secondo elemento è l'«intelligenza», che significa capire, indipendentemente da una esperienza, e persino intuire e prevedere una difficoltà. Nell'antropologia questa espressione ha trovato varie identificazioni: vi è chi la applica guardando il cielo, chi interpreta il volo degli uccelli, chi analizza le viscere di un animale sacrificato, nella convinzione che siano legati alla vita del singolo o del villaggio. Si tratta di un valore che permette di prevedere quello che capiterà nel futuro e di prepararsi a superare un evento nuovo e, per il momento, solo immaginato. Per esprimerne la rilevanza basti ricordare che, anche nella modernità, lo zar Alessandro II, che amava girare in mezzo al popolo ma temeva di essere ucciso, ascoltava sempre una maga di sua fiducia, prima di uscire. La previsione quel giorno, il 13 marzo 1881, si rivelò errata e l'imperatore venne ammazzato. In ogni caso, la capacità di predire è stata a lungo considerata un valore, ma si distingueva dalla forza.

Un altro esempio è dato dalla capacità di guarire e questo valore apparteneva allo sciamano che sapeva riconoscere il male e ciò che si doveva fare per guarirlo. È un inizio dell'attività che in Occidente porta alla medicina e al suo fondamento, non più magico ma scientifico.

Un ulteriore tema esistenziale che assume la dimensione di un valore, nel significato di aiutare l'uomo a vivere, è il bisogno del *sacro* che riguarda l'invisibile: un antenato che muore svolge ancora funzioni, si avverte la sua presenza, anche se non risponde a nessuna delle caratteristiche di un «oggetto» fisico. Il suo continuare a esserci serve a definire la dimensione di un mondo che «trascende» quello concreto. Sul bisogno di *sacro* nascono le religioni, termine che da *re-ligio* significa legame, diverso da quello interpersonale (di cui si occupano le psicologie).

Abbiamo riportato alcune esigenze della vita che conducono a valori esistenziali in cui poco o nulla viene condiviso con il denaro se lo si intende come uno strumento che interviene nei bisogni della sopravvivenza.

Considerando che il denaro è diventato misura e simbolo delle cose, ci si rende facilmente conto che, mentre risolve qualche necessità, finisce per indurne altre che non appartengono alla sopravvivenza ma ai bisogni della qualità della vita.

Nello scambio di un oggetto con un altro vi è la presenza concreta e persino ingombrante della cosa che si scambia con un'altra. Questa semplice e banale osservazione evidenzia che il baratto necessariamente prevede il trasportare, il mostrare le cose che appartengono a coloro che vogliono operare lo scambio. Generalmente, occorre portarle nel luogo, nella piazza del villaggio, s'impone pertanto un limite che il denaro elimina, in quanto metallo prezioso che è la rappresentazione di oggetti. La moneta manca della dimensione oggettuale, può equivalere a un insieme di oggetti che è come fossero compresi nella dimensione quantitativa propria della moneta. Si ha il vantaggio che quando l'oggetto scambiato ha un valore diverso da quello che si ottiene, non è più necessario aggiungere cose, ma è sufficiente adeguare la quantità, il valore della moneta.

Acquista una dimensione simbolica in quanto gli oggetti non sono presenti nella loro fisicità, non sono caricati sulle barche che usano i commercianti per poter raggiungere luoghi che offrono cose diverse da quelle che già esistono nella propria terra. Scompare la dimensione reale, non se ne avverte l'ingombro e il bisogno, attraverso la moneta si possono scambiare tante cose e acquistarne altre, semplicemente dando moneta e non più oggetti.

Nasce di conseguenza una proprietà non più legata al bisogno quotidiano, che è commisurato all'uso e al consumo. È come andare al mercato, non per scambiare uno sgabello con un pollo che serve per l'alimentazione di quel giorno perché, usando la moneta, si possono scambiare cento sgabelli con cento polli. Una quantità che va oltre il bisogno, che comporta sempre l'immediato e il proporzionale, dimensioni che tengono conto di una impossibilità di disporre di cento animali. Non passava nemmeno per la testa di costruire cento sgabelli, sarebbe risultata un'operazione staccata dai bisogni.

Non esisteva prima del denaro la proprietà, in quanto i bisogni erano attuali e venivano consumati.

Il denaro rivoluziona tali dimensioni, crea il senso di «proprietà», come ciò che non si usa e induce la prospettiva del futuro e del risparmio.

L'oggetto, ridotto a simbolo nella moneta, cambia il suo significato operativo. La vita non è più quella del *qui e ora*, ma è proiettata nel tempo ed è chiaro che non ha più nulla a che fare con la sopravvivenza limitata all'uso di cose e oggetti per l'immediato.

La moneta permette di uscire dai bisogni primari e di pensare non a sopravvivere adesso, ma a una vita che è immaginaria e che si proietta nel futuro. Così nasce l'accumulo, che è dentro la dimensione del denaro, a seconda che sia identificato nell'argento oppure nella preziosità dell'oro.

Il passaggio alla qualità della vita è favorito dalla moneta che ha implicita la sicurezza del tempo che ancora non c'è ed è fatto di futuro. Sul piano della sopravvivenza, dei bisogni per l'immediato non esiste in tutte le specie animali, uomo compreso, alcuna differenza a livello dei bisogni. Con la percezione immaginata del domani nascono le differenze, poiché la condizione di chi possiede il denaro è diversa per il futuro da chi non ne dispone.

Il denaro, che certo è un simbolo delle cose, diventa a propria volta un oggetto poiché è fatto di materiale pregiato, prima sulla base della sua rarità, in seguito poiché viene battuto e porta l'immagine del re.

Il denaro simbolo affettivo

Non può sfuggire che questi pochi richiami di una storia ben più ricca riportino a uno dei fondamenti della psicologia, rappresentato appunto dal simbolo affettivo: nel caso di un lutto d'amore si cerca di elaborare la mancanza sostituendo la persona con un oggetto che le apparteneva, come vivesse ancora e permettesse di continuare una relazione consumata. Il simbolo è la rappresentazione di qualcosa di profondamente umano, che rivive nella *moneta dei sentimenti*. Una tomba è il simbolo del luogo in cui ora vive chi, nella dimensione concreta, è invece morto. E nella storia dell'umanità è proprio il simbolo a esprimere la capacità umana di proiettare i bisogni in un oggetto che richiama la persona o una condizione d'esistenza felice, che non c'è più.

Ha il grande compito talora di *contenere* il passato, talora di dare certezze per il futuro.

Per ritornare all'economia, il denaro genera il concetto di proprietà intesa in termini concreti. E si passa da ciò che si consuma al possesso simbolico di ciò che nemmeno si usa, ma che in quella moneta esiste.

Indubbiamente la storia di una civiltà nasce con la proiezione futura che implica tra l'altro una nuova visione della vita che, se la si proietta nel futuro, va persino immaginata. La proprietà non è più limitata alle cose del presente, ma è proprietà «per» e «nel» futuro.

Si passa dalla logica della sopravvivenza a quella della qualità della vita che, nella immaginazione e nella proprietà, è simboleggiata nel denaro.

Accennando all'importanza degli antenati è stata sottolineata la loro presenza che continua nel post-mortem, in una relazione con l'invisibile. Segna la prima tappa della trascendenza che, oggi, è il luogo delle religioni. Un'operazione della mente che appartiene al *sacro*, rivolto a ciò che è invisibile e intoccabile.

Nello stesso ambito si pone il significato nascosto dentro la moneta, di un potere che riguardando il futuro non si vede e non si tocca. E proprio tale sacralità del denaro, nell'antica Grecia, porta a depositarlo nei templi dedicati agli dèi.

Il tempio è la prima banca ma, almeno fino a qualche decennio fa, la banca era ancora vissuta come un luogo speciale, che poteva richiamare i templi. Erano abitati da sacerdoti, avevano un'architettura che riportava al silenzio e alla sontuosità. Nel tempo le banche hanno in gran parte perduto questa dignità, sono diventate botteghe prive di una qualsiasi espressione sacra, e sono finite persino dentro uno smartphone, un oggetto anonimo che ha sostituito il luogo del tempio. Non più un simbolo, ma una falsificazione.

Il denaro rimane, in ogni caso, espressione della proprietà e della ricchezza, diventato uno strumento non per risolvere i problemi dell'uomo ma per crearli. Del resto, anche alle psicologie si è ben presto aggiunto il capitolo della psico-patologia.

Abbiamo individuato i termini di un vero sistema: il primo è dato dai *bisogni,* distinti in quelli della sopravvivenza, sempre legati al tempo presente, e in quelli a cui si associa la qualità della vita, che si esprime in un tempo futuro, e non sono esperiti direttamente ma immaginati.

Se per la sopravvivenza valgono ancora i tre imperativi darwiniani (e sono ben definiti), per la qualità della vita sono molteplici e risentono delle caratteristiche individuali e dell'ambiente in cui si vive. Sul piano del singolo uomo i bisogni confinano con i desideri che richiedono, sia pure con differenze legate all'età, di operare in modo che permettano di soddisfare gli specifici bisogni.

Il bambino che avverte la fame deve attaccarsi al seno materno (come fonte), e succhiare la quantità di latte che porta alla sazietà. Nell'età adulta occorre raccogliere i frutti per alimentarsi oppure cacciare una preda. Seguendo il percorso antropologico, si giunge alla società agricola prima, e industriale poi, in cui il lavoro diventa il termine che esprime l'agire allo scopo di rispondere ai bisogni relativi alla sopravvivenza e, successivamente, a quelli che corrispondono ai diversi gradi di *qualità* del vivere.

È possibile ridurre il fare, qualsiasi esso sia, al denaro che viene ottenuto con le diverse attività e il denaro esprime simbolicamente il grado di risoluzione dei bisogni.

Le attività della raccolta e della caccia e più tardi della coltivazione agricola non erano ancora giunte alla simbologia del denaro, il risultato stava in quegli alimenti che si trovavano in natura o si ottenevano dalla coltivazione oppure predando degli animali commestibili. In questo caso, il fare era orientato ad avere l'alimento. In tutti questi esempi l'operazione era rivolta a ciò che direttamente risolveva il bisogno. È seguito un periodo in cui ancora non si otteneva con la propria attività il simbolo-denaro, ma un particolare oggetto che aveva in sé oltre alla risposta ai bisogni primari, anche la possibilità di venire scambiato per soddisfare altre necessità.

Il termine *salario* riporta a un periodo storico in cui il sale era un elemento che non solo riguardava l'alimentazione ma serviva ampiamente per conservare i cibi, in particolare quelli che provenivano dalla caccia o dagli animali d'allevamento. Il sale segna un momento di grande passaggio che permette proprio di guardare al futuro, in quanto si possono conservare i prodotti della raccolta e della caccia. Come è noto, esiste il sale di mare e quello di roccia. Sono nate le saline e si sono scoperte miniere dislocate in ogni territorio. Si potrebbe anche dire che il sale è stato la prima pietra preziosa. Esistono testimonianze di quanto fosse importante per la dimensione che aveva assunto. La Sardegna ne è un esempio per il sale di mare; per un riferimento alle miniere il ricordo va a un vero santuario nella città di Wieliczka, in Polonia, vicino a Cracovia. Il termine «santuario» in questo caso è anche giustificato, poiché la miniera conteneva una vera e propria cattedrale di sale, in cui si celebravano per i minatori le liturgie della cristianità.

Al sale succederanno minerali più preziosi, come l'oro e l'argento, che tra le altre caratteristiche, permettevano di fondere la pepita e ottenerne le monete.[1]

[1] Dal greco *monytes* che significa «indicatore, designatore», e dal verbo latino *monĕo*, «designo, rappresento il valore». Nella cultura romana era la dea Giunone a presiedere alla coniazione.

Denaro e ricchezza

Al denaro si associa la parola *ricchezza* che sta a indicare un accumulo di denaro e di proprietà del singolo, oppure di una comunità. Ma anche quando si applica a uno Stato, il riferimento è il monarca oppure il principe.

Si giunge a un paradosso poiché si passa dal denaro inteso come strumento per dare risposta ai bisogni, al denaro come bisogno di per sé. Ed è allora proprio la ricchezza a far perdere il valore strumentale al denaro, diventando un bisogno che si esprime nella quantità e nel fare operazioni o attività che servono a moltiplicarlo.

Nel settimanale «Topolino» un personaggio di grande successo è Paperon de' Paperoni, lo zio di Paperino: lo si vede sempre in un luogo che non ha confini, immerso nelle monete d'oro. La ricchezza si può infatti definire come un bisogno inesauribile di denaro, che non serve però a soddisfare bisogni che sono già risolti, escluso quello di poter avere ancor più denaro, pur non rispondendo alla funzione per cui è nato.

Si può sempre stabilire, in un dato momento storico, quanto denaro serva per realizzare i bisogni primari di un uomo. Certamente è possibile indicarlo per l'alimentazione, in quanto persino la bulimia ha un limite. Altrettanto per il territorio e anche se si va dalla semplice casa alla Versailles di Luigi XIV si può misurare un corrispettivo in denaro per la difesa, che è uno degli imperativi darwiniani. È ancora possibile quantizzare il costo per generare un figlio e per dare il proprio contributo alla continuazione della specie.

Il calcolo diventa più difficile, ma non impossibile, per i bisogni secondari che riguardano la qualità della vita, e si giunge a una valutazione per realizzare i desideri.

La ricchezza, sul piano teorico, va al di là di ogni possibile uso personale e, tuttavia, l'«accumulo» viene perseguito poiché è il denaro stesso a costituire un desiderio di averne sempre di più. Il *no limit* lo rende anzi un desiderio inappagabile e si riduce ad accumulare senza un senso monete.

La figura del Paperon de' Paperoni della fantasia di Disney è anche al tempo presente una realtà concreta e rimanda a quei trenta uomini che posseggono una quantità di denaro superiore a quella del resto delle persone. Per i Paperoni non è nemmeno immaginabile un uso. Resta solo il desiderio di «possederlo».

La ricchezza si mostra staccata dai bisogni ed è diventata un bisogno. E riporta all'immagine di un ricco, che non agisce poiché ha più di quanto sia necessario a qualsiasi desiderio, ma ecco il paradosso: egli è al contrario impegnato ad aumentare la propria «inutile» ricchezza, magari con l'unico scopo di avere più degli altri ventinove ricchissimi.

La ricchezza, a questi livelli, si presenta completamente asimmetrica non solo ai bisogni, ma persino ai desideri umani. C'è spazio solo per la perversione del desiderio, nel senso di perdere ogni proporzione pragmatica, permettendo di intraprendere operazioni che per la vita umana non hanno alcun significato. Vanno persino contro il concetto di «proprietà» che presuppone un rapporto con le cose e quando diventa di una grandezza illimitata, se ne perde persino la percezione. Tra il possederla e il non possederla finisce per non esserci alcuna differenza. Crolla il concetto di utilità, sia attuale sia proiettato nel futuro, una dimensione che pur riguardando un domani che forse non ci sarà, e non può dipendere dalla ricchezza, si incontra con la morte che, segnata sul codice genetico, comprende un orologio con carica diversa per ciascuno, ma che fatalmente si blocca.

Tale considerazione dovrebbe garantire che la ricchezza mantenga almeno un rapporto di realtà simmetrico che permetta di renderla comprensibile, mentre, superati certi limiti, si fa patologia. Non è dunque giustificato proiettarla in un futuro illimitato. Se poi il ricco ha raggiunto quella «certa età», la propria ricchezza illimitata dovrebbe, almeno nella vecchiaia, trovare una percezione più adeguata.

Se consideriamo la ricchezza commisurata agli imperativi della sopravvivenza, si deve dire che, anche se non hanno grande peso raggiunta la fase della qualità dell'esistenza in quanto sono risolti, non per questo perdono di significato. È il caso del bisogno di sicurezza che abbiamo riportato a un territorio, come protezione dai pericoli esterni. Per questo si sono fortificate le regge e i territori sono stati cinti da mura.

Quando la ricchezza porta a costruire un numero stravagante di castelli, è chiaro che risultano inutili, poiché non è possibile abitarli contemporaneamente. Si può giungere a migliaia di stanze che attendono un padrone che non potrà mai abitarle e ritorna la dimensione «perversa», come quella di un vecchio che costruisce un harem di donne per l'eros mentre, nella realtà, risulta impotente.

Vi è però un aspetto psichico che si intravede sempre nella ricchezza e che va oltre il significato dell'uso, riguarda la percezione del proprio ego che si allarga in una progressione che sa di follia, e che porta all'onnipotenza. Il rapporto, allora, non è più tra quantità di denaro e la sua possibilità di traduzione in «proprietà», in «oggetti», ma diventa il motore di una visione che fa avvertire di appartenere a una dimensione sovra-umana, a un Dio. Si entra in una delle più gravi psicopatologie: la paranoia.

Una deformazione della propria realtà nei confronti degli altri uomini e persino la morte perde il senso di limite, in quanto nella paranoia si giunge a credere di essere l'*homo Deus* eterno.

Questo quadro psicopatologico è comune nei grandi ricchi ed è addirittura possibile stabilire una proporzione tra livello di ricchezza e la gravità del disturbo psichico.

Nella storia delle civiltà, i faraoni dell'Egitto antico erano considerati uomini e dèi. In quella dell'Oriente si sono individuate le caste, che non potevano mescolarsi e nella loro gerarchia si arrivava fino all'imperatore, discendente dal cielo.

Nelle vicende del British Empire, il re o la regina erano anche *pontifex maximus,* intrattenevano dunque relazioni con il Padre eterno.

Considerazioni che aprono un'equazione tra ricchezza e onnipotenza, il che comporta passare dalla percezione della realtà umana a una divina.

Il denaro perde così totalmente la dimensione di «mezzo» per i bisogni e i desideri della vita terrena e promuove una metamorfosi psichica che trasforma il ricco in una divinità.

Denaro e potere

Nel sistema che abbiamo costruito partendo dai bisogni e ponendo il denaro come lo strumento per risolverli e progressivamente innalzarli, seguendo la figura geometrica della *piramide di Maslow,* rimane un tema da affrontare: il come si acquisisca denaro, in quali modi cioè si produca la propria ricchezza.

È questo un tassello di grande rilievo, poiché permette di scoprire il valore stesso del denaro e attribuirgli pertanto non solo un senso, ma una dignità. Il che equivale a dire un *valore*, che ne esprime la positività o al contrario la negatività.

Abbiamo già indicato la proprietà come il risultato di una pulsione che promuove garanzie esistenziali nella proiezione di una vita futura, che è all'insegna (come già detto) della *qualità della vita*. È questo un processo adeguato e in linea con i bisogni di continuare a vivere, uscendo dalle necessità del presente e costruendo una sicurezza anticipata che riguarda il proprio avvenire.

La percezione del futuro è il grande attore di un salto nella evoluzione e nella storia antropologica. Un futuro che, ben presto, si coniuga non solo con la propria dimensione ma anche con il terzo imperativo darwiniano della continuità della specie. E così il futuro si amplia fino ai figli, e ai figli dei propri figli. In ciascun uomo si intravede, quindi, un'estensione della propria esistenza attraverso le generazioni future.

Appartiene a un senso di realtà voler possedere delle cose che rimangano oltre la propria vita. Dall'empirismo dei bisogni quotidiani si passa dunque a occuparsi di quelli del proprio futuro che si prolunga nei figli. La proprietà passa per diritto testamentario e così rappresenta ancor più chiaramente la dimensione futura.

Questa sequenza nel tempo, considerata nella specie umana, non ingigantisce l'ego, ma lo prolunga. Superate le strategie della sopravvivenza, il *qui e ora*, la storia è transitata nelle strategie per il proprio futuro e ha incontrato i desideri. In una tappa successiva, il futuro si è allargato e ha spinto a fare qualche cosa per la vita dei figli, una volta che sia giunta la propria morte.

Questo processo è una comprensibile espressione di come il futuro si allunghi e possa portare chi vive il presente a dedicarsi anche a un tempo lontano, lasciando delle «proprietà» che garantiscano una buona qualità di esistere alla generazione che ci continua.

Credo sia il modo in cui si sono costruite anche le ricchezze diventate poi parte di storie familiari, che hanno scritto le vicende di piccoli borghi, ma anche di città. In questo ambito si situano i casati nobiliari e il loro contributo alla storia.

Ma a questo punto, nella sequenza bisogni-qualità della vita, proprietà-ricchezza, si deve inserire la parola «potere».

Questo termine segna un passaggio critico perché transita dalla proprietà delle cose al potere sugli uomini. E ciò è accaduto storicamente con il sorgere delle civiltà. Sia in quella egiziana sia nell'ebraismo e infine nella nascita del mondo civilizzato dell'Occidente si inserisce la schiavitù, che si può definire come la visione in cui l'uomo diventa un «oggetto» a uso del potere. Sorge la riduzione dell'uomo a oggetto, e pertanto acquisibile come proprietà.

Lo schiavo manca della possibilità di scegliere, di agire, persino la sua vita non è legata alle leggi della natura ma al dominio del suo padrone.

Nella grande cultura greca antica, gli schiavi sono previsti nella *res publica* di Platone. Sono presenti nella Roma antica e su di essi il padrone esercitava diritto di vita e di morte. Jahvè, nel *Genesi*, imponendo il riposo dello shabbat ripete che deve essere rispettato da tutti, compresi gli schiavi. Nel cristianesimo sono ritenuti parte del popolo con la differenza che saranno ammessi nella casa del Padre eterno. Un riscatto che avverrà solo nella vita eterna.

Chi dipende totalmente da un padrone è un uomo con caratteristiche diametralmente opposte a quelle di chi lo possiede e questo dualismo, sia pure con variazioni storiche, continua fino al tempo presente. È cambiato solo il nome: durante il lungo periodo del colonialismo sono diventati coloni, ma erano nati i mercati degli schiavi, in cui uomini e donne erano esposti come merce e venduti a seguito di una valutazione delle funzionalità della macchina umana, contrattando per poterla acquistare a minor prezzo.

I compratori guardavano all'età, alle caratteristiche fisiche, in particolare alla tonicità dei muscoli e alla resistenza della dentatura. Una volta acquistati venivano usati dai nuovi padroni o nel lavoro agricolo, oppure nelle città come macchine da lavoro.

Gli Stati Uniti d'America si sono sviluppati anche attraverso la schiavitù. Si potevano acquistare anche donne e bambini purché fossero già in grado di espletare delle funzioni. La ricchezza della grande Russia la si deve agli schiavi che lavoravano la terra e i proprietari terrieri misuravano l'estensione della campagna in base al numero di «anime» che la coltivavano. Un tema che ha caratterizzato anche la grande letteratura russa dell'Ottocento, in particolare nei romanzi di Lev Tolstoj.

Il nome più recente è quello di «lavoratori», che nasce con la rivoluzione industriale nel British Empire, legata alle macchine, tra cui anche quella umana. In questo caso non si tratta di un acquisto da parte di un padrone, ma di un uso.

E questa trasformazione della schiavitù è una vera operazione economica, dettata soprattutto dal gran numero di macchine umane di cui aveva bisogno la produzione industriale. Lo schiavo precedentemente era un oggetto, che apparteneva per tutta la vita al padrone, che aveva il diritto di ucciderlo (sia nell'antica Grecia sia a Roma). Nel caso dell'industria serve un uomo o una donna in possesso di una funzionalità di alto rilievo, utile solo al compito svolto nel lavoro industriale. Era quindi preferibile avere dei lavoratori che venissero utilizzati unicamente nella fase di massima capacità; quando non erano più in grado di espletare il servizio richiesto, bastava allontanarli, sottraendosi così anche al legame naturale tra schiavo e padrone. Non aveva alcun significato, e soprattutto utilità, la presenza di un lavoratore che non avesse più la forza e la resistenza richieste.

Per dare maggiore rilievo al passaggio da «schiavo» a «lavoratore», è utile raccontare brevemente che cosa è stata la rivoluzione che ha portato alla produzione di «oggetti» che non avevano più alcun rapporto con la natura, tanto da appartenere all'«artificio», ritmato dal padrone.

Il lavoro era sistemato in grandi padiglioni all'interno dei quali si svolgeva un lavoro di assemblaggio, servivano molte mani che tenevano in azione una filiera, ben presto chiamata catena di montaggio. I singoli pezzi venivano prodotti in altri capannoni, in cui gli uomini ripetevano gli stessi gesti per poter ottenere il numero richiesto di oggetti tutti uguali.

La differenza rispetto ai lavori in un ambiente naturale è evidente: gli schiavi che operavano nelle distese della coltivazione del cotone, del tabacco, del caffè, erano all'aperto e, pur nelle grandi estensioni, la produzione dipendeva dalla natura. Gli schiavi erano tenuti in case di campagna. Le fabbriche nascevano nelle periferie e dovevano accompagnarsi a luoghi per l'alimentazione e per assicurare un posto per la notte. I trasporti non godevano certo dei mezzi e delle reti stradali di oggi, nascevano così territori formati dal luogo di lavoro e da grandi «depositi» notturni per i lavoratori, a cui si aggiungevano i primi veri supermercati, in cui trovare i prodotti alimentari.

Questi aggregati assomigliavano a città condizionate esclusivamente dal lavoro in fabbrica che esigeva la continuità per aumentare la produzione, e tutto era organizzato e di proprietà del padrone, che gestiva abitazioni e supermercati.

Il «salario» era una finzione, non solo perché era deciso dalla proprietà, ma in quanto ritornava necessariamente al padrone attraverso la pigione per la casa e l'acquisto del cibo e degli oggetti di sopravvivenza.

Una macchina che apparentemente lasciava delle scelte, mentre in realtà erano passaggi obbligati di una dipendenza totale, quindi di una vera proprietà del lavoratore fino a che poteva servire con le sue forze e da scartare al primo segno di malattia.

Sono richiami che trovano una più ampia descrizione nelle opere di Karl Marx che, in sintesi, riteneva la proprietà un «furto», operato sulla vita del lavoratore, ridotto non solo a schiavitù ma a uno schiavismo attivo, a cui seguiva l'abbandono che significava morte.

È la nuova visione di una schiavitù intesa non più come l'acquisto di una vita umana che continua a dipendere dalla natura, ma una schiavitù temporanea ed efficace che, a giudizio del padrone, veniva interrotta.

Un sistema che ha generato la «povertà», una povertà creata dalla rivoluzione industriale.

È in questo periodo che nasce la differenza tra proprietà e lavoro, tra capitale e operaio: una separazione nuova, poiché va ad ampliare il concetto di «lavoro». L'azione del proprietario è nettamente diversa da quella di chi ha bisogno di un corpo funzionante per produrre. È evidente che a «fare» i prodotti è l'operaio, mentre il padrone è colui che ne trae il vantaggio. Un sistema che dipende dunque da chi non lavora, ma possiede il capitale necessario per occupare i lavoratori.

Su questa separazione si attiva un conflitto, una lotta tra proprietà e lavoro che è tuttora in atto.

Viene in mente un pittore a cavallo tra Ottocento e Novecento, Giuseppe Pellizza da Volpedo e la grande tela che chiama *Il quarto stato,* e rappresenta un gruppo di lavoratori che marciano decisi, per mostrare di aver raggiunto la percezione della propria dignità e forza. I lavoratori insieme finiscono per rappresentare un potere capace di bloccare il potere della proprietà.

È un atteggiamento di lotta che porterà alla grande

Rivoluzione dell'ottobre del 1917, che segna però non solo il riscatto della forza lavoro, ma anche la nascita di una dittatura e fallimento totale delle idee marxiste nella loro applicazione pratica. Ciò non significa che quell'idea, forse utopica, non mantenga un suo fascino.

L'aspetto che più colpisce è, infatti, la facilità con cui si è ridotto l'uomo a «macchina», a un puro oggetto che entra nel processo produttivo. Una semplificazione che sbigottisce, nonostante si sia costruito il robot, che ha una forma che richiama l'uomo ed è dotato di funzioni che fanno riferimento persino all'«intelligenza»: la funzione che pone l'uomo all'apice dell'evoluzione darwiniana. L'uomo-padrone non ha avuto la minima difficoltà a ridurre a «oggetto» l'uomo che lavora e l'ha usato fino al punto in cui riusciva a operare e l'ha poi considerato «consumato» e morto.

Un processo che non si è espresso solo nella dimensione del singolo padrone ma è divenuto un principio applicato dagli Stati. Anche in questo ambito si sono presto distinti i governi padroni, sempre seguendo una gerarchia ritmata dal denaro.

L'esempio che mi ritorna subito alla mente è l'Alaska: una identità geografica che ha l'estensione di tre-quattro volte l'Italia e che non si riduce a una lastra di ghiaccio che si estende in parte oltre il circolo polare artico, ma comprende aree verdi, boschi, città importanti e una straordinaria ricchezza, recentemente scoperta sotto quei ghiacciai, di petrolio e materie prime minerali. Ha una lunga storia di civiltà: quella degli inuit.

Senza alcun rispetto per una popolazione che ha una storia millenaria, nel 1867 il territorio, che apparteneva agli zar e quindi alla madre Russia, viene venduto agli Stati Uniti come un «oggetto» e a banalizzarlo è anche il prezzo di 7.200.000 dollari. Una cifra con cui si acquista oggi un grande yacht o un centravanti di una squadra di calcio. Con l'acquisto la bandiera americana aggiunge una stella a indicare il numero di Stati aumentato.

Il colonialismo, come abbiamo ricordato, ha rappresentato una sorta di mercato per la compravendita di identità nazionali.

Diventa incredibile come si possa fare il mercato della storia di un popolo allo stesso modo con cui si decide di comprare una motocicletta o una casa al mare. E il contratto di compravendita viene siglato per l'Alaska da una parte dallo zar, dall'altra dal presidente degli Stati Uniti d'America.

Ma si trovano riferimenti lontani. Nell'antica Roma si era identificata una classe costituita dai plebei, che conteneva i piccoli proprietari terrieri e, a indicare i diversi livelli, non era solo la proprietà ma anche il potere sociale che si esprimeva attraverso il ruolo pubblico che esercitava il controllo sulla popolazione o una sua parte. La ricchezza è dunque la base del potere che si esercita sull'uomo.

Anche il potere della pubblica amministrazione viene esercitato sulle persone, in maniera certamente diversa da quello industriale. Basterebbe considerare la magistratura che ha come proprio compito quello di giudicare e di punire. La carcerazione finisce per essere una deprivazione, sia pure temporanea, della libertà.

Ricchezza e povertà

La proprietà e il potere che si associa hanno diviso la società e, insieme alla scala della «ricchezza», si è costituita quella della «povertà».

Il confine che distingue la condizione di povertà rispetto a chi possiede qualche cosa di superfluo coincide con la distinzione tra *sopravvivenza* e *qualità della vita*.

I poveri si situano, in qualsiasi tempo vengano considerati, come persone che vivono nel presente e lottano per dare risposta ai bisogni primari, cioè agli imperativi darwiniani. È povero chi deve lottare per dare risposta alla fame, lo è altrettanto chi non ha un luogo dove ripararsi e sentirsi protetto, gli *homeless* ancora oggi dormono in strada trovando rifugio in qualche androne o sottopassaggio e vengono esclusi persino dai giardini e dai parchi della città per non guastarne la bellezza e trasformarli in aree del degrado.

Allo stesso modo vanno considerati poveri quei soggetti che non sono in grado di crescere i propri figli, il che appartiene al compito di continuare la specie.

La dimensione della povertà non ha un fondamento teorico, ma una rappresentatività enorme. La ricchezza comincia quando la popolazione ha risolto i bisogni primari, e si trova nella fascia in cui la qualità della vita viene caratterizzata dal possedere qualcosa di «superfluo» che permette di sostituire al presente la percezione del futuro.

Tra l'uscire dalla povertà e le ricchezze di cui abbiamo fatto esempi vi è una tale distanza da rendere difficile pensare che una società possa essere vista come unitaria.

Ed è altrettanto possibile fare una scala della povertà: ci sono bambini che muoiono di fame, altri che invece non ricevono le cure che pur esistono, ma non vi hanno accesso. C'è una povertà che riguarda le periferie delle grandi città, con centri di benessere e di ricchezza. La povertà delle *favelas* che raggruppano in spazi di degrado uomini, donne, bambini, ridotti a macerie umane e a immondezza.

La povertà è un fenomeno che ha un significato e una storia distinti rispetto alla ricchezza. Ma ormai è chiaramente dimostrato che i due termini sono collegati tra loro in due sensi possibili: il primo che la povertà sia generata dalla ricchezza, il secondo che la ricchezza non si curi della povertà che potrebbe essere risolta con un intervento di migliore distribuzione della ricchezza.

E siamo ben lontani dalle ideologie che disegnano una distribuzione paritaria. Nel nostro Paese si calcola che esistano sette milioni di poveri su sessanta milioni di abitanti. Un Paese che è nel novero delle nazioni più potenti economicamente. Ed è fuori di dubbio che l'«inutile» dei ricchi potrebbe sanare le «necessità» dei poveri. Non tanto generando un'uguaglianza, ma mantenendo la distanza quantitativa tra chi uscirebbe dalla lotta per la sopravvivenza e chi continuerebbe a godere di quelle eccedenze che abbiamo definito persino «perverse».

Questa considerazione si fonda sull'osservazione delle persone che s'incontrano nella città oppure nelle cosiddette periferie, ma se dalla ricchezza si passa al potere che vi abbiamo associato, subito risaltano i costi che una nazione dedica agli eserciti, alle armi, ai sistemi di sicurezza civile e dunque alle forze dell'ordine, alle spese per la cura delle malattie – e la più alta incidenza appartiene alla povertà –, ai costi della giustizia, sulla base della considerazione che la criminalità è causata, anche se non in modo esclusivo, dalle difficoltà incontrate per la sopravvivenza.

È persino scandaloso considerare che, se solo una di queste voci di governo del Paese venisse eliminata, vi sarebbe il denaro necessario per ridurre o eliminare la povertà. Senza contare che la coabitazione tra povertà e ricchezza finisce per alimentare l'odio che genera l'insicurezza dei ricchi, esplicitata dagli ingenti investimenti che oggi sono richiesti per difenderne la proprietà e persino la vita. Una delle nuove professioni è legata ai *bodyguard* per ricchi che, per girare nella strada a piedi, ne hanno bisogno di sei o sette, oltre ad auto blindate, e a scorte. Ciò vale anche per i potenti, a dimostrazione dello stretto collegamento tra politica e ricchezza, con la prima che dipende dalla seconda.

Ma il tema della «povertà» è anche stimolo per affrontare l'interrogativo su quali siano le caratteristiche di personalità e le condizioni per poter «accumulare» proprietà, e salire dunque nella scala della ricchezza.

Fotografando la società in un dato momento storico, è facile distinguere un gruppo di ricchi per uno status economico raggiunto e mantenuto da generazioni. Vi è poi il gruppo degli arricchiti nel corso della loro esistenza e questo rilievo è a sostegno dell'idea napoleonica per cui *ogni soldato ha nello zaino il bastone da maresciallo di Francia*. È questa una massima che ha dominato negli Stati Uniti, e di riflesso ha supportato la convinzione che tutti abbiano la possibilità di giungere a possedere un milione di dollari. Vi è anche il gruppo dei ricchi che vedono «crollare» il loro status, scendendo molti gradini della famosa scala.

Indubbiamente vi è un'area di conservatorismo, radicata in un livello di qualità della vita che tende a venire mantenuta, senza attivare meccanismi di ulteriori arricchimenti.

Prima di tentare un'analisi del processo che genera ricchezza o povertà, è utile sottolineare il dominio comune tra economia e psicosociologia, poiché ritornano, come protagonisti, l'uomo da una parte, l'ambiente in cui vive dall'altra. È questo il legame tipico della condizione umana, all'interno del quale si pongono l'«adattamento» e le variazioni estreme tra ricchezza e povertà.

Si tratta di un argomento – quello del successo economico – di grande rilievo, che ha portato a fare un «elogio» della ricchezza raggiunta e a rendere la povertà persino una «colpa». In un caso, si sono invocate l'intraprendenza, l'imprenditorialità, il sacrificio; nell'altro, la mancanza di stimoli, di impegno, la tendenza ad accontentarsi di sopravvivere in maniera parassita.

Non sono mancate ipotesi che hanno attribuito alla ricchezza il segno di un «dono» degli dèi, magari identificati nella dea Fortuna.

Si entra in vere e proprie teorie dell'economia e, persino, della religione. A questo ultimo proposito, basterebbe ricordare la visione del cristianesimo bene espressa dal *Vangelo di Matteo*, in cui l'evangelista parla delle *beatitudini* e chiama *beati* i poveri. In altre pericopi evangeliche si trova la condanna dei ricchi; la massima recita: «È più facile che un cammello entri nella cruna di un ago, che un ricco venga accolto nel Regno dei Cieli».

Non ne rimane fuori nemmeno la grande letteratura. L'esempio di Dostoevskij si erge non solo per il contenuto, ma anche per la grandezza letteraria del capitolo *Il grande inquisitore* nei *Fratelli Karamazov.*

La scena si svolge a Siviglia, in occasione di un grande autodafé, in cui vengono messi al rogo cento eretici. Terminata questa cerimonia di purificazione dal peccato, la folla avverte la presenza di un uomo che fa miracoli e immagina che sia ritornato Gesù sulla terra.

L'inquisitore dà subito l'ordine di incarcerarlo ed è in una cella che si svolge uno dei monologhi più belli della letteratura: Gesù mantiene sempre il silenzio, mentre ascolta le accuse fatte alla Chiesa a lui attribuite nella predicazione fatta nella Palestina al tempo della sua missione. E tra gli errori quello che suona come il non aver capito la natura dell'uomo, rappresenta una vera teoria economica. Gesù viene accusato di aver creduto nel valore della libertà dell'uomo che, invece, desidera solo *possedere un tozzo di pane* per la sopravvivenza e *avere un padrone* a cui obbedire.

Teorie sulla genesi della ricchezza

Evitiamo di entrare nelle teorie economiche che si fanno risalire lontano, fino ad Aristotele, che già pone la distinzione tra ciò che è «naturale» (soddisfare i bisogni primari) e il «non-naturale» in cui entra la ricchezza.

L'economia moderna, definita «classica», porta i nomi di Adam Smith, che pubblica *Indagine sulla natura e la causa della ricchezza delle nazioni*, quello di Ricardo, di Thomas Robert Malthus con la teoria del valore-lavoro, di Jean Baptiste Say con la legge degli «sblocchi» e la crisi da «sovraproduzione».

Vi è poi la teoria di Karl Marx, la rivoluzione di John Maynard Keynes che viene enunciata dopo la grande depressione americana del '29. Sempre nella linea classica (o neoclassica) si aggiunge Vilfredo Pareto, importante per lo studio sul «marginalismo», per le «curve di indifferenza» e un nuovo concetto di «distribuzione» (legge di Pareto). Si arriva all'«equilibrio economico generale» di John von Neumann, per giungere alle teorie attuali, come quella di Amartya Sen, contro il liberismo, e con la teoria dei «fallimenti del mercato» e la disoccupazione.

Anche da questi accenni alle teorie economiche mi pare risulti evidente il costante riferimento all'uomo e al suo significato e assumono un ruolo importante pensatori che appartengono non solo al campo della psicologia ma anche del pensiero filosofico.

Nell'affrontare ora direttamente il tema di quale sia il processo che conduce alla ricchezza, dobbiamo aver chiaro lo stretto legame uomo-ambiente, sottolineando così che esistere equivale ad agire, a comportarsi.

Il comportamento dell'*homo oeconomicus* dipende dai tre fattori costitutivi dell'uomo: il bagaglio biologico, la personalità fondata sulle esperienze e in continuo cambiamento (in funzione anche delle età) e, come terzo fattore, l'ambiente geografico (naturale, architettonico) e sociale dove si trova a operare.

È lontana ormai l'epoca dei riduzionismi, di quando i tre fattori venivano singolarmente analizzati per dare un senso ai comportamenti umani. Per un periodo ha dominato il riduzionismo biologico, per un altro quello della psiche e, infine, del fattore sociale. Una sorta di divisionismo, in cui dominava l'idea di riconoscere in uno solo di questi fattori la causa, mentre si pensava che gli altri avessero una funzione di contorno, a cui legare aspetti secondari o decorativi.

È certamente utile analizzare i fattori singolarmente, nella convinzione però che solo dall'insieme emerge quella dinamica che interviene nelle operazioni capaci di produrre ricchezza.

La loro interazione è molto varia (flessibile), ma è proprio questa la dimensione che entra scientificamente nell'analisi dei diversi comportamenti dell'uomo. Persino la genetica, come costituente della dimensione biologica, non va più presa come determinante pur mantenendo una propria importanza. L'azione di un singolo gene (sono 30.000) cambia se si lega ad altri, non per sommazione ma per emergenza di effetti propri delle differenti combinazioni. Da ciò deriva che l'apporto genetico risente di condizioni esterne. Si è introdotto il termine di *epigenetica*, a indicare l'azione dell'ambiente proprio sulla struttura dei DNA che, nell'insieme, formano il codice della struttura della macchina individuale.

Il termine «pulsione» biologica sta a indicare una tendenza, una spinta, una disposizione-a, la cui espressione dipenderà da fattori non genetici che permettono di poter controllare persino gli istinti.

Da questi rilievi scientifici, l'individuo risulta un'entità flessibile e le azioni, nel loro insieme, hanno bisogno di combinarsi con le caratteristiche ambientali per diventare comportamenti.

Può apparire scontata l'affermazione che non esiste un gene della ricchezza, e che è impossibile delineare un identikit dell'uomo segnato da una sorta di *impronta* per raggiungere la ricchezza. Il concetto di flessibilità o *plasticità* si accorda con quello di potenzialità, le dotazioni hanno bisogno di un particolare ambiente geografico, ma soprattutto sociale, come si trattasse di una «serratura» entro cui si adatta bene quella personalità che opera per acquisire denaro o raggiungere il potere e la ricchezza.

Si è ipotizzata addirittura una sorta di ereditarietà, che garantisce ai figli di seguire i comportamenti dei padri. Esistono famiglie che per generazioni hanno dato grandi musicisti, come quella di Wolfgang Amadeus Mozart o, prima ancora, quella di Johann Sebastian Bach. Esempi si trovano anche nelle altre arti. È fuori di dubbio che vi sono abilità, doti, che si presentano ereditarie: la capacità al disegno (che è la fonte prima dell'arte pittorica) rimanda a Leonardo e a Michelangelo che, con realizzazioni artistiche differenti, hanno in comune la grande capacità di tradurre in segni grafici non solo la realtà statica, ma il movimento. All'opposto, vi sono individui che mostrano una totale incapacità a tirar fuori da una matita segni di interesse creativo.

Dall'esempio delle arti, si può passare alla «intelligenza». Non è di facile definizione, ma si è giunti persino a volerla quantizzare (con il *quoziente intellettivo*). A complicare ulteriormente questo tema si è aggiunta oggi l'intelligenza delle macchine, chiamata anche «artificiale».

Pur ammettendo che sia un insieme di capacità e che alcune siano singolarmente quantizzabili, è fuori di dubbio che vi sono persone che ne sono ricche, altre che ne sembrano prive.

Prima ancora delle doti psichiche, già sul piano della corporeità, vi sono differenze visibili. La disposizione della muscolatura, la forma stessa del corpo, pur contenendo in tutti gli uomini gli stessi elementi, sono così differenti da individualizzare ciascuno. Ed è possibile, pertanto, parlare di «singolarità», di un'irripetibilità di ciascun uomo.

Occorre però non dimenticare che, dagli studi sul bambino nei primi mesi dalla nascita (importantissimi), si è osservato che il suo sviluppo fisico e intellettivo risente moltissimo delle caratteristiche materne: un effetto che può riflettersi su condizioni patologiche, sia psichiche sia somatiche. E ciò sottolinea ulteriormente come il bagaglio genetico risenta dell'ambiente in cui fin dall'infanzia ci si trova a vivere, potendolo caratterizzare più sul comportamento relazionale promosso dalla madre.

Se dunque un individuo può sviluppare comportamenti diversi dettati dall'ambiente, si può giungere a considerare che alcune «dotazioni» in certi casi vengono favorite, mentre, pur essendo presenti, in altri non trovano un terreno idoneo per esprimerle.

Il padre di Wolfgang Amadeus Mozart, Leopold, era «maestro di cappella» per il vescovo di Salisburgo e, precocemente, ha messo davanti a un pianoforte il figlio con una attenzione particolare nell'iniziarlo alla musica. Del resto, la stessa attenzione l'ha espressa nei riguardi della figlia Nannerl (Maria Anna).

Non è facile dunque attribuire una dote alla genetica o all'educazione, almeno nel senso della sua espressività. Potremmo definire l'ambiente come opportunità per evidenziare ciò che potenzialmente è presente. In altri casi sfavorevoli un'altrettanto grande dote invece non emerge.

E si può giungere a considerare il peso di una visione che distingua nettamente i generi maschile e femminile. Se rispetto all'imperativo del continuare la specie la posizione dei due generi svolge un ruolo totalmente distinto, varia la linea educativa, si fa credere che esistono doti esclusive dell'uomo e negate alla donna. Arrivando quindi a ritenere che esistano due cervelli diversi. Una distinzione che è stata vergognosamente sostenuta dalla scienza fino a tutto l'Ottocento e in parte del Novecento.

Quando la donna si è liberata dal ruolo sociale esclusivo di madre, è bastato qualche decennio per evidenziare come fosse impossibile sostenere una differenza in aree che andavano dalla scienza all'arte e perfino nei comportamenti inerenti a compiti tradizionalmente maschili come fare la guerra.

Alle donne si era resa impossibile la frequenza universitaria e nell'università di Padova (fondata nel 1222) la prima donna ammessa fu Elena Lucrezia Corner Piscopia, che vi entrò nel 1669. Contro il suo desiderio di laurearsi in teologia vi fu l'opposizione del cardinale Gregorio Barbarigo che le permise di conseguire solo la laurea in filosofia. È considerata la prima donna al mondo a raggiungere una laurea.

Al di là di questo drammatico errore di civiltà, si è potuta dimostrare la distinzione tra l'azione dei geni e l'effetto ambientale: nel caso, infatti, di gemelli omozigoti, due individui identici relativamente al *codic*e (che sovrintende la costruzione della macchina), quando venivano affidati a famiglie differenti, mostravano già dai primi mesi caratteristiche comportamentali non solo diverse ma persino antitetiche. Se invece rimanevano nello stesso ambiente familiare, la tendenza a considerarli specchio uno dell'altro sembrava condurre a una più ampia concordanza psichica e comportamentale.

Se la biologia è la parte costitutiva della specie umana, che si esprime attraverso comportamenti comuni anche se diversi da quelli degli altri viventi, la personalità vi aggiunge la psiche, l'insieme delle funzioni che si legano al cervello, ma anche alle esperienze che il singolo vive. I fondamenti biologici presentano una certa flessibilità ma è la personalità che, pur essendo piantata sulla struttura biologica, esprime variabili talmente vaste da aver portato a indicare l'uomo come essere libero. Forse si tratta di un'utopia, ma certamente la personalità permette variazioni che richiamano le metamorfosi e un mondo di fiaba, che si trasforma al tocco di una bacchetta magica.

Non vi è dubbio che esista una sincronia tra biologia e ambiente, analogamente a quanto si osserva per le altre specie viventi: una farfalla è dotata di capacità biologica che prevede in natura i fiori da cui trae nutrimento, ottenuto dalla corolla con la propria proboscide. Ciò che si aggiunge nella personalità tipicamente umana è l'«apprendimento», inteso appunto come conoscenza dell'ambiente, attraverso cui poter seguire vie diverse non solo per raggiungere gli imperativi della sopravvivenza, ma per situarsi nell'ambiente con stili di esistenza originali. Può modificare persino l'ambiente, realizzando così una diversa *qualità* della vita.

La straordinarietà, e in parte ancora il mistero della mente umana, si lega a una complessa rete di neuroni del nostro cervello, con vari percorsi che si esprimono in due possibili sezioni: attraverso il pensiero (le idee) e gli affetti (emozioni e sentimenti). Entrano entrambe nel comportamento, anche in quello che abbiamo chiamato comportamento «per» la ricchezza (nel senso che concorre a produrla).

È nel pensiero che può sorgere un'idea, ma deve trasformarsi in operatività, per essere in grado di risolvere un bisogno o un desiderio dell'uomo, diventando prodotto materiale che viene consumato e che ha di conseguenza un valore economico.

Non occorre entrare nelle teorie matematiche o tra le idee rivoluzionarie. Talora si tratta di idee talmente semplici, da sembrare comuni e in qualche modo banali. Certo sono innovative, perché l'idea nuova indica che può esistere qualcosa che fino a quel momento non c'era. Talora ha significato in un particolare momento della storia.

Alcuni esempi mi hanno affascinato proprio per la semplicità.

Il primo mi riporta all'inizio del Novecento, negli Stati Uniti, quando si diffonde l'eleganza. Uno dei segni di questo bisogno di apparire, nell'uomo era centrato sulle scarpe: averle lucide era un segno distintivo. Nelle strade di New York un personaggio tipico era diventato lo *shoeshine*, diventato *sciuscià* nella pronuncia italiana di chi era giunto per lavorare in quello sterminato Paese. Aveva come strumento del mestiere una scatola di legno che si apriva da un lato e conteneva i lucidi da scarpe e le spazzole per distribuirli, dall'altra parte il cliente appoggiava prima un piede e poi l'altro.

Il lucido da scarpe doveva essere chiuso in scatolette piatte, rotonde poiché altrimenti l'aria gli avrebbe tolto quell'aspetto cremoso necessario per spalmarlo sulla scarpa. Per ogni cliente doveva dunque essere aperto e poi richiuso con precisione in modo che il coperchio aderisse al contenitore. Ed è a questo proposito che nasce l'idea, che venne in mente a una donna di colore, di una farfallina fissata sul corpo della scatoletta in modo che, girandola, spingeva il coperchio, e con facilità si poteva ripetere quel gesto che talvolta ritardava l'operazione, mentre ci si fermava per strada prima di andare al lavoro o di fare qualche commissione.

La storia racconta che quella donna diventò «ricca» ed era questo un titolo, per chi proveniva dalle popolazioni nere, non solo raro ma anche strano.

Questo congegno arrivò in Italia nel 1928.

Ci sono esempi anche più vicini a noi che esprimono, in modo forse più attuale, la dimensione imprenditoriale.

Nel secondo dopoguerra aveva avuto grande diffusione la maglia di lana da indossare sopra la camicia. S'infilava attraverso il capo, le braccia entravano nelle maniche lunghe, e la si stendeva fino alla cintura coprendo tutto il torace. Rappresentava un indumento elegante, più semplice rispetto alla giacca. La lana poteva essere di diverso spessore anche in rapporto al clima, era di colori vivaci e quindi risaltava. Raggiunse un'ampia diffusione, fino a conquistare un grande mercato.

Dal punto di vista imprenditoriale, venivano lanciate maglie (maglioni) di colori che venivano scelti dal produttore con l'idea di attrarre i consumatori. Un'organizzazione commerciale li consegnava nei periodi più indicati per il loro uso.

Era nata subito una difficoltà proprio sul colore, poiché il «gusto» non sempre coincideva con quello della promozione commerciale; l'offerta del rosso poteva non soddisfare chi, invece, lo chiedeva di un colore diverso. È noto come la moda abbia creato una tale varietà che supera certamente i colori principali dell'arcobaleno.

Si era così assistito a grandi quantità d'invenduto per la richiesta di colori di cui il negozio non disponeva. Con l'invenduto aumentava la richiesta di rinvio rapido di colori che sembravano i preferiti del momento. Le fabbriche producevano maglie del colore richiesto ma nella distribuzione si poteva ripetere il fenomeno di un cambiamento del gusto, che metteva in crisi la catena produttiva. Ecco l'idea, avuta in un paese del trevigiano: un piccolo produttore che tesseva maglie e le distribuiva direttamente in una zona limitata decise di fare maglie tutte di colore bianco e di colorarle successivamente, a seconda delle richieste dei negozianti.

La risposta agli ordini poteva essere la più varia e la più rapida nel rifornire i negozi con il colore che il cliente, in maniera imprevedibile e persino capricciosa, richiedeva.

Un'idea che ha trasformato quel piccolo produttore in un vero impero industriale, portando la griffe in tutto il mondo. Un'identità che si riferiva ovviamente ai «colori».

Occorre ritornare agli anni Sessanta-Settanta del Novecento. Un periodo di grande trasformazione sociale che riguarda la donna: la nuova visione era di voler uscire dalla cucina e dal ruolo eterno di preparare il cibo per il ritorno del marito dal lavoro, quindi di non ridursi unicamente al ruolo biologico di generatrice e di madre. Erano gli anni del boom economico e, nel nostro Paese, il lavoro femminile rispondeva al bisogno di manodopera per una produzione che in tutti i campi era incrementata.

Il risultato fu che la donna, entrando nei luoghi di lavoro, dimostrò rapidamente la capacità di un ruolo sociale, fino allora esclusivo del genere maschile.

Cambiò però la dinamica della famiglia perché entrambi, marito e moglie, lavoravano: vi erano i germi per una crisi dell'istituzione sociale per eccellenza, sostenuta da liturgie tradizionali che sparivano. Tra queste la prima era proprio che la donna non cucinava, si modificavano così gli orari per sedere a tavola tutti insieme, e certamente ne risentiva anche la qualità.

Ecco l'idea, e questa volta ci troviamo in un piccolo comune del veronese.

Venne in mente a un signore di preparare cibi che avrebbero richiesto un lungo lavoro, mentre vi era solo la necessità di cuocerli in acqua bollente, lasciarli pochi minuti indicati per ciascun prodotto e servirli in tavola.

L'esempio era quello dei «tortellini». Un piatto la cui preparazione richiede un lungo tempo, per tirare prima la sfoglia con il mattarello, tagliarla in piccoli quadrati o cerchi su cui porre il ripieno, che andava laboriosamente preparato e poi incartato su ogni pezzo con una accurata manipolazione. Tutto questo veniva fatto dal nuovo produttore, che confezionava porzioni per due-tre-quattro persone, chiuse ermeticamente in modo che la donna, tornata a casa, in pochi minuti serviva uno dei piatti più delicati da preparare e di grande soddisfazione.

Un'idea che si è poi rivelata possibile da applicare a moltissimi altri piatti, tipici di quell'area, e progressivamente lo stesso risultato è stato raggiunto in regioni italiane differenti e persino in Paesi lontani.

La donna poteva lavorare e preparare la tavola con l'arte della tradizione. Il «dramma» della cucina era stato risolto e non meraviglia che questo imprenditore, con l'offerta sempre più ampia per una sempre maggiore varietà di cibi, non solo si sia arricchito, ma abbia meritato il riconoscimento di salvatore della famiglia.

Non si tratta, guardando a questi esempi, di idee socratiche che richiedono la figura del «pensatore» raffigurato dalle sculture antiche.

Un'idea, che ha addirittura cambiato l'economia mondiale, è forse ancora più semplice.

In un territorio abitato da popolazioni arabe che vivevano poveramente poiché si trattava di zone desertiche, entro cui si delineavano delle oasi da cui si traeva il necessario per vivere, trivellando si trovò il petrolio. Erano gli anni del secondo dopoguerra, con un fabbisogno di energia legata al funzionamento dei motori per le automobili, per le industrie, per la produzione di energia elettrica.

L'idea era di estrarre quel liquido, metterlo in barili e venderlo. E il risultato è stato che le zone più povere del mondo divennero il simbolo di una ricchezza senza limiti e, persino, senza senso. Per darne solo un piccolo riferimento, sono nate metropoli che nel clima del deserto, grazie alla vendita di petrolio, si sono dotate persino di piste per sciare.

Il mondo ancora oggi dipende dai depositi naturali di petrolio: lo si è cercato dappertutto e ora proviene dalle piattaforme negli oceani, dalle zone ghiacciate dell'Alaska, dalle terre abbandonate della Siberia.

Le idee finora richiamate riguardano sempre gli «oggetti»; nel caso del petrolio, è il barile a cui si attribuisce un prezzo, oscillante a seconda della domanda di energia. Vi sono però idee altrettanto semplici, che riguardano i cosiddetti «servizi», intendendo con questo termine tutto ciò che ha a che fare con la sanità, i trasporti, le vie di comunicazione. L'idea, che in questo ambito ha contribuito a modificare il mondo, è quella della *low-cost economy*. Fino ad allora aveva dominato il principio per cui l'aumento del costo dei prodotti promuove maggior profitto per chi li produce e, a questo proposito, viene subito in mente l'industria dell'alta moda che nelle boutique propone oggetti di abbigliamento a costi che possono essere di 500 volte quello di produzione. Ciò richiede un apparato promozionale del tutto particolare, come le sfilate, le riviste specializzate, ma è un'industria che dà tuttora profitti enormi.

La *low-cost economy* si fonda invece sull'idea che, per guadagnare di più, occorre abbassare i prezzi e aumentare il numero dei consumatori. Una netta inversione: nella moda prezzi altissimi, clientela limitata; nei *low-cost* prezzi bassissimi e consumatori senza esclusione alcuna. Nei viaggi aerei, con l'entrata di questa idea, si è passati dai 500 euro in classe economica al costo base di 9,90 euro.

L'idea è semplice: attivare servizi che lavorino sempre a pieno regime e che, con una domanda elevatissima, aumentino le corse sulla stessa linea.

Le compagnie aree sono diventate vere megasocietà, che hanno introdotto aerei di sempre maggiore capienza e un aumento dei voli, in servizio continuo.

Dalle idee semplici si arriva al pensiero complesso, in cui gli oggetti provengono dalla ricerca scientifica che si fa tecnologia. È forse questa la fonte del progresso della civiltà, di vere trasformazioni della vita, ed è così che il mondo progressivamente si è riempito di «oggetti» e oggi ne siamo sommersi poiché non hanno più il significato di migliorare la vita, ma di decorarla, talora di inutile, per servire il grande imperativo della bellezza e dell'apparire.

Viene subito in mente la lampadina di Edison, il miracolo di poterla accendere, premendo un pulsante e decidendo l'intensità che si desidera raggiungere, per vedere bene. Era l'alternativa alle lampade a olio e al dominio del buio della notte, che poteva essere rotto solo dall'illuminazione delle stelle e della Luna.

La radio di Marconi, con la possibilità di ascoltare voci che provenivano da oltreoceano: un «oggetto» a forma di scatola, che sembrava appartenere al mistero e non alla tecnologia scientifica.

Vi è poi il frigorifero, espressione di una vera scienza: la scienza del freddo, che ha messo fuori commercio le grandi barre di ghiaccio, un tempo necessarie per mantenere sani i cibi.

Occorre poi ricordare i prodotti per la nostra salute, i farmaci, che si legano alla fisiologia e agli studi sull'azione di molecole naturali o artificiali, capaci di fermare le infezioni, di rendere più sicuro il parto: un processo che, oltre alla nascita, portava talora alla morte a causa delle infezioni puerperali. Recentemente abbiamo avuto bisogno di vaccini, capaci d'interrompere un'epidemia che aveva caratteristiche di diffusione mondiale.

Ci si dovrebbe soffermare sulla scoperta delle lenti e degli occhiali che, da molti secoli ormai, rappresentano un filone in continuo miglioramento, capace di permettere la vista in casi in cui, senza questo aiuto, sarebbe impossibile.

Vi sono ancora oggetti per la nostra igiene del corpo e merita un vero encomio il water, che dal tipo alla turca ha generato quello a sedile, e può essere raccontato come un personaggio della civiltà. Nel 2022 una rivista scientifica come «Nature» ha riportato la scoperta di un modello a due vie, in grado di separare la parte liquida da quella solida, diminuendo così l'inquinamento del terreno e aiutando a risolvere uno dei grandi problemi delle città contemporanee, dato dai rifiuti organici.

Sono questi alcuni esempi di una storia che non si dovrebbe dimenticare, che riporta all'introduzione di strumenti che hanno promosso la ricchezza di un'industria specificamente dedicata a ciascuno, apportando cambiamenti proprio nella quotidianità.

In tale ambito trova spazio la scoperta dei computer digitali che, riportati allo smartphone, forniscono a ciascun uomo un laboratorio straordinario per le comunicazioni e per i cosiddetti mondi virtuali, permettendo di collegarsi con persone che vivono in zone geograficamente lontanissime.

Quanto abbiamo riferito serve ad avere quantomeno una visione dei temi che emergono dal pensiero umano e che sono costitutivi di quel processo che stiamo trattando sulle vie che portano alla ricchezza.

Ma, dopo aver prestato attenzione alla sezione del pensiero (che include anche la sua organizzazione logico-razionale), non possiamo che passare alla seconda: ai sentimenti. E qui si apre un altro panorama per richiamare alcuni atteggiamenti psicologici che sono fonti continue per la creatività imprenditoriale, dei veri «propulsori» affinché le idee possano essere guidate con la decisione, il rischio e la resistenza, richiesti dall'attività d'impresa.

Senza questa componente, le idee non avrebbero preso corpo e conseguito l'importanza raggiunta.

La ricchezza per realizzarsi ha bisogno di alcune caratteristiche della personalità. E subito s'incontrano le motivazioni, piccole o grandi, che non nascono dall'organizzazione biologico-genetica ma dall'esperienza, e in particolare dai «vissuti», che indicano il modo attraverso cui il singolo esperisce i progetti, i piani organizzativi e persino l'immaginazione.

Gli uomini che più hanno espresso questa forza sono stati chiamati «visionari». Non si impegnavano per l'*hic et nunc*, ma la proiezione era sul futuro, che in realtà non vedevano ma lo costruivano.

Il futuro non fa parte del pensiero ma del desiderio, della volontà, della capacità di vivere non il presente che c'è, ma un tempo che non c'è.

È su questo parametro che si possono distinguere le personalità: quelle legate alla dimensione empirica e quelle che si buttano invece in un domani in cui è possibile immaginare il mondo senza i limiti del concreto, di ciò che si ripete monotonamente. Per farlo, bisogna «credere». Una parola che implica la fede in se stessi e nel tempo che continua. Ecco la distinzione tra chi è aggrappato alle cose e tende a conservarle, rispetto a quello che ha bisogno della novità, del frugare dove nessuno guarda, del desiderare e non del consumare. È l'uomo del coraggio, talora un «eretico», nel significato di chi non percorre le strade affollate ma i sentieri contorti e sassosi. È l'uomo che vuole un mondo migliore, che vede i limiti della cronaca, disposto a perdere i piccoli vantaggi del presente per andare *oltre*. Oltre il confine.

Un Ulisse che sa mettersi in mare e navigare, senza troppo curarsi dei venti, sfidando la paura e lasciando il vecchio padre e l'«amore, / lo qual dovea Penelopè far lieta». Il coraggio e il fascino di ciò che non c'è, la voglia di cercare...

Esiste anche il fascino della ricchezza, quando si scopre che la propria condizione storica è invece «povera», appartiene a un'esistenza alla quale sembra mancare persino il vantaggio di «esserci» rispetto alla morte o al nulla, da cui si proviene.

Il meccanismo è allora quello della compensazione, della voglia di un riscatto sociale, del saper rifiutare il mondo in cui si è, per trovare una posizione che evidenzi aspetti negati alla povertà e magnificati dalla ricchezza. E sali su una collina, su una montagna, perché vorresti volare, promuovere una metamorfosi, scappare dalla dipendenza del potere. Allora nasce la voglia di riscatto, perché ti senti più libero.

La voglia di vivere seguendo i desideri e non le costrizioni e, così, scopri che non è possibile volare, ma che si può evitare di essere incarcerati dal potere sociale. Ma occorre fare i conti con il denaro.

La libertà ha senso solo dentro i limiti e la si esprime proprio superando con la propria forza i limiti insopportabili. Ecco la libertà: non trovarsi dentro il mondo con la percezione che tutto, attorno a te e dentro di te, sia dolore.

Si affaccia così un altro grande capitolo della personalità, la «passione». Rappresenta una modalità di fare, per cui le cose, anche quelle banali, diventano dei traguardi che ti danno forza, che ti fanno credere in te stesso. Allora non puoi accettare di dipendere da un altro. Certo dipendi da te stesso, da come sei fatto. Ma è la consapevolezza che il protagonista devi essere tu, e per questo bisogna uscire, seguendo il processo del riscatto, del costruirti ciò che non hai avuto, che nessuno ti ha lasciato in testamento, perché non aveva nulla. Diventi tu colui che ti può dotare di ciò che non hai e che ti avrebbe permesso di vivere meglio e di far vivere bene anche le persone a cui sei legato e che si sono a te unite.

Si tratta di una piccola rivoluzione sociale e, nell'ambito della tua esistenza, puoi rendere possibile che la Rivoluzione dell'ottobre 1917, fallita, sia, nella tua piccola storia, al contrario una vittoria.

Una rivoluzione ha bisogno della resistenza, non basta sparare un colpo di fucile e urlare contro il padrone. Resistere significa voler vincere, sapendo che si corre molte volte il rischio di perdere. La vittoria è sempre combinata con sconfitte, a cui occorre resistere. Un binomio che lega coraggio e paura; il coraggio non è una qualità psichica a sé stante, ma nasce ed è sempre accompagnato dalla paura. L'imprenditoria non è un'attività da eroi, ma da coraggiosi pieni di paura.

Sono questi alcuni tratti della personalità dell'imprenditore che giunge alla ricchezza, ma non alla «paranoia del potere». È una conquista faticosa ma piena di soddisfazioni e talora a spaventare sono i risultati.

È questo il tipo di ricchezza che sa di umanità, il racconto di una storia in cui si è trovato il coraggio di continuare, aiutati da altri uomini che si uniscono all'avventura che tu hai iniziato.

Talora incontri persino la fortuna che è misteriosa e, qualche volta, viene addirittura identificata con un Dio che occorre cercare, perché non lo si vede e, se lo si incontra, può apparire persino che aiuti più gli altri.

Se si è uomini di coraggio, si ha bisogno anche di Dio. E per conoscerlo, occorre fiducia e un po' di follia perché, come suggeriva Schiller nell'*Inno alla gioia*, bisogna salire nel cielo e persino andare oltre. In qualche angolo, deve esserci.

L'imprenditore esce così dalla Terra e gira per l'universo, senza la certezza di scoprirlo, ma sapendo che se c'è, può cambiare la piccola storia in cui si è immessi. E il denaro è certamente parte della metamorfosi.

Se si appartiene a questo tipo di personalità, la ricerca non ammazza però l'umanità; diventa parte della storia di un popolo e non dimentica che molti hanno progettato la via del riscatto, ma non ce l'hanno fatta. A te che ci sei riuscito, spetta allora la gioia di aiutare i tanti, che sono uomini come te, ma non hanno denaro. Nessuno, più di te, è in grado di sentire il bisogno di aiutarli.

Queste sono le storie che danno alla ricchezza il volto della umanità.

A queste considerazioni su una ricchezza dal volto umano, occorre aggiungerne un'altra che si accompagna a un alone di tristezza. Si riferisce ai molti casi di persone impegnate che hanno creduto e con passione perseguito un piano, per creare un'impresa sostenuta da idee che sembravano impiantarsi proprio su bisogni rilevati tra la gente, ma alla fine non sono riusciti a emergere. E non solo non hanno apportato i benefici programmati, non solo non hanno costruito una ricchezza ma, come si usa dire, sono falliti. Storie iniziate bene, promuovendo posti di lavoro – il primo beneficio di un'esperienza aziendale –, ma in seguito si sono presentate difficoltà impreviste, come la concorrenza spietata, il mancato aiuto degli istituti bancari, un ordine contestato e poi, attraverso le vie contorte della giustizia, non risarcito. Un'opposizione incomprensibile, forse casuale, che ha tuttavia impedito un percorso ad altri reso possibile e così, il sogno di poter uscire da una condizione esistenziale insoddisfacente, dopo una grande fatica, ha posto all'interno di una vicenda ancora più amara. Una fatica inutile, mentre si sarebbe voluto aiutare quelle persone con cui vi era stata una tacita alleanza e, involontariamente, le si è punite.

Sarebbe potuto essere un imprenditore ma non lo è stato, ha la consapevolezza dell'onestà, dell'autenticità del suo comportamento, indirizzato a un'attività che voleva solo riscattare una storia e trascinare in questa vera «impresa», sia pure in gradi differenti, molti altri.

E non posso saltare una considerazione che proviene da un settore che mi ha occupato per molti anni, quello della scienza, nel campo della ricerca di base, in cui mi occupavo di meccanismi molecolari del cervello e successivamente di una ricerca applicata nel campo delle malattie mentali, in cui il malato è una persona da aiutare, da ri-sanare, ma allo stesso tempo un caso da osservare per provare un'ipotesi che potrebbe apportare benefici per la disciplina medica.

In questa lunga esperienza nei laboratori e nelle corsie in cui erano ricoverati i malati con disturbi del cervello e della mente, ho potuto osservare scienziati che hanno ottenuto risultati straordinari, segnando conoscenze che, oltre a dare contributi importanti, aprivano al contempo nuovi sentieri della ricerca. Nomi che sono passati alla storia e qualcuno che è stato insignito del premio Nobel.

Accanto a queste storie ho conosciuto, ancora più numerose, persone che hanno espresso lo stesso impegno, la stessa passione, applicandoli a idee e a ipotesi scientifiche che si sono, invece, mostrate errate e che hanno richiesto le stesse metodologie, magari un impegno ancora maggiore, utilizzate da quelli che hanno avuto successo.

Si potrebbe dire che si tratta di storie parallele, di cui una si è conclusa nel successo e l'altra ha chiuso un'ipotesi che, pur sostenuta da dati e da quella che si chiama razionalità scientifica, è terminata nel nulla.

Un'ipotesi scientifica non si verifica in poco tempo, occorre lo stesso che si presume serva a scoprire quella corretta.

Abbiamo distinto una ricchezza che ha avuto un significato liberatorio, di acquisizione di dignità umana per il singolo che l'ha raggiunta e per tutti quelli che l'hanno seguito e aiutato, e l'abbiamo separata da una ricchezza definita «perversa» e, usando la dimensione della patologia, persino «paranoica».

Ricchezza ed etica

Occorre adesso aggiungere che le ricchezze, costruite sia pure con finalità diverse, si devono distinguere per lo stile della dimensione «etica». Esistono imprese di grande successo che nascondono una gestione corretta all'interno di un dato ambiente, mentre altre non rispettano le leggi che definiscono e caratterizzano una società, addirittura promuovendo l'imbroglio fino a raggiungere persino il crimine.

Si passa così dagli «scopi» raggiunti (successo) al «come» sono stati ottenuti. E questa volta, l'attenzione non è più legata alla personalità imprenditoriale, ma ai mezzi leciti o illeciti che distinguono persino due aziende d'identico valore e significato.

La dimensione etica esprime non tanto le dinamiche che si attivano in una personalità, potremmo dire le sue competenze, ma riguarda il rapporto dell'imprenditore nei confronti della comunità, e le leggi rappresentano il riferimento che indica ciò che è etico, e ciò che invece è «criminale». È ben lontano da noi voler spiegare i fondamenti di un'etica «assoluta» (quella della «verità»), mentre crediamo che ogni società, sia pure con modificazioni nel tempo, debba esprimere regole di governo, di amministrazione, che vanno legiferate e difese. Distinte da misure sociali, guidate dai «principi primi», propri dell'umanesimo e posti all'interno di ogni singolo individuo e della sua personalità, che non si possono certo legiferare.

Con questa premessa si pone la netta distinzione tra un'azienda che si sviluppa e genera ricchezza all'interno di un'«etica sociale» e una che esprime nei confronti della società una piccola o grande «criminalità».

Tra la fine degli anni Ottanta e i primi dei Novanta, nel nostro Paese è nato il fenomeno, definito «Mani pulite», partito dal tribunale di Milano, in cui la procura stava indagando su imprenditori collusi con la politica (vista come lo strumento che amministra lo Stato). L'imprenditore offriva denaro a politici che occupavano cariche di governo o ad altri che, essendo a capo delle segreterie di partito, li potevano influenzare allo scopo di ottenere facilitazioni per l'azienda. Collusione significa che c'era qualcuno disposto a pagare e altri altrettanto disponibili a ricevere denaro in maniera illecita e, per questo, nascosta. La procura di Milano stava raccogliendo le prove di questo filone sotterraneo, che diversificava le aziende che godevano di privilegi, rispetto ad altre che seguivano le leggi. Si fece largo uso dello strumento delle intercettazioni, che rappresentavano la prova diretta della consegna di valigette piene di denaro.

Alla procura di Milano ne seguirono molte altre, tenendo conto che le imprese operavano in tutto il territorio nazionale e avevano anche estensioni all'estero.

È questo il periodo dell'«avviso di garanzia», uno strumento previsto dal codice di procedura penale, con cui si comunica (in questo caso all'imprenditore) che si sta indagando sul suo conto, seguendo l'ipotesi di un illecito nella gestione aziendale.

«Mani pulite» era la metafora antinomica per «mani sporche».

Sono state individuate aziende che, all'impegno innovativo, alle strategie vincenti, avevano sostituito il percorso più facile della corruzione. Così ottenevano appalti privilegiati e diventavano vere organizzazioni criminali. Si scoprì che alcune ricchezze erano il frutto d'imbroglio ai danni dello Stato. E ciò, in una democrazia per quanto corrotta, equivale a riflettersi in un danno per tutti i cittadini.

Per dare una dimensione in denaro, in certi casi si corrompeva con 500 milioni di lire, in altri con una percentuale fissa sui profitti, legati ai procurati vantaggi.

Uno dei settori che venne più colpito dall'inchiesta fu l'industria farmaceutica, in cui si raccolgono i gruppi che per statuto si dedicano alla ricerca scientifica e alla produzione di farmaci, i quali devono essere approvati dallo Stato per entrare nelle terapie prescritte dai medici. Il nucleo centrale del crimine era dato proprio dal processo di approvazione del nuovo farmaco, a cui era preposta un'istituzione, con una componente scientifica e una amministrativa, regolate da leggi dello Stato. A capo dell'organizzazione era, allora, un personaggio che aveva fama di scienziato e che era di fatto il responsabile sia dell'approvazione del farmaco, sia del prezzo che avrebbe avuto sul mercato.

Era previsto un aumento del prezzo per quei farmaci che avevano richiesto un grande impegno di ricerca scientifica. Si poteva giungere a un 20-30% in più. Questo riconoscimento veniva assegnato invece per corruzione. Ciò implicava che alla nascita di un farmaco il «corruttore», d'accordo con il «corrotto», potesse condurre una ricerca non solo meno attenta e approfondita per ottenere l'approvazione dei farmaci, ma persino godere dell'aumento di prezzo per il riconoscimento di una «encomiabile» ricerca scientifica.

Il corrotto aveva attratto in particolare l'attenzione poiché nascondeva il denaro, che non poteva depositare su conti correnti, imbottendo divani e poltrone, invece che con i materiali appositi, con mazzette di banconote. Finì in galera e lo raggiunse presto anche un ministro della Sanità.

L'avviso di garanzia venne consegnato a molti tra scienziati e imprenditori di aziende farmaceutiche.

I danni ai cittadini non erano solo di tipo economico, ma riguardavano nel vivo il tema della salute, per una produzione di sostanze che passavano sul mercato senza adeguata sperimentazione e a prezzi elevati.

La «criminalità», che abbiamo esemplificato come «logica» aziendale nel processo di produzione della ricerca, è costata allo Stato italiano la cancellazione di una decisione europea che aveva scelto Roma come sede dell'EMEA (oggi EMA): l'Istituto europeo per l'approvazione e la commercializzazione dei farmaci.

Già era stata preparata la sede, che doveva essere un riconoscimento per il nostro Paese. Venne invece scelta Londra, che non aveva sedi e che prese in affitto alcuni piani di un grattacielo appena terminato. Il riconoscimento all'Italia avrebbe contribuito non solo a creare un luogo di lavoro per centinaia di persone, ma avrebbe promosso un clima scientifico che, invece, ci è stato negato per ignominia e indegnità.

«Mafia» è un termine che nel passato suscitava indignazione e promuoveva un atteggiamento di opposizione, sia della gente sia delle istituzioni, con il proposito di sconfiggerla, liberando così la società da un'organizzazione criminale, parassita non solo del mondo economico, ma dell'esistenza quotidiana della popolazione di intere aree territoriali. Un tempo in cui uomini dello Stato, ma anche imprenditori, hanno lasciato la vita nel coraggioso tentativo di rifiutare la violenza mafiosa.

Oggi questo termine mantiene il suono lugubre, ma non appare più attivare una coerente opposizione, come si trattasse di un male inevitabile, una sorta di destino fatale. Per paradosso si può affermare che la mafia è un'organizzazione aziendale che non rispetta le leggi, che applica i propri «regolamenti» criminosi sia nell'ottenere commissioni e appalti, sia nelle modalità con cui vengono svolti i compiti che caratterizzano le attività per produrre ricchezza. Se storicamente la mafia nasce in una regione italiana come organizzazione malavitosa con radici puramente locali, oggi la sua diffusione non solo coinvolge tutto il territorio nazionale, ma si allarga con filiali operative in altri Paesi.

La parola «mafia» deve essere specificata oggi con una denominazione che riporta al luogo in cui si esprime l'attività illecita, esclusivamente tesa ad accumulare ricchezza ed esercitando un potere che espropria quello legale dello Stato. Sarebbe un errore pensare che si tratti di un male italiano che si è spostato, radicandosi nel mondo. Esprime invece il fatto che esiste nell'uomo, in alcuni uomini che si organizzano in «famiglie», una mentalità mafiosa, un modo di pensare e di agire illeciti e violenti.

La mafia si fonda sull'intimidazione, sul ricatto, sull'immoralità, e su una violenza estrema che è diretta a eliminare, dunque uccidere, coloro che si pongono come ostacolo. Non rappresenta un'organizzazione contro lo

Stato, bensì un potere che tende ad allearsi, a colludere con i diversi poteri dell'amministrazione pubblica. Non si tratta di un'ipotesi o di una teoria, dato il rilevante numero di politici e governanti che fanno parte dell'organizzazione criminale mafiosa. E talora uomini di Cosa Nostra occupano posizioni dello Stato.

Le lotte semmai fanno parte dei contrasti tra le diverse «famiglie» mafiose che giungono a impegnare le forze dell'ordine. Operazioni promosse da un clan mafioso che, al fine di colpirne uno nemico, agisce attraverso «soffiate» alla polizia.

Nessuno crede più che oggi sia possibile liberare da questo parassitismo criminale le società, e domina pertanto la convinzione rassegnata che si dovrà vivere «con» e persino «di» mafia, fino a che non si deciderà che, trattandosi di un nemico interno che usa la violenza armata, si deve applicare il «codice di guerra» per rispondere ad armi pari. Fino a che si finge di colpire i mafiosi, ma si lasciano poi liberi personaggi collusi e parte della mafia, che occupano posizioni di governo e fingono di essere uomini di giustizia, e finché molte aziende con denominazioni di società servono puramente per diventare anonime coperture di attività illecite, la mafia sarà sempre più forte. E come una rete, finirà per limitare le ricchezze dello Stato e trasformare l'attività imprenditoriale in attività delinquenziale.

Nel nostro Paese, un progetto che ogni tanto si presenta all'analisi dei governi e degli esperti riguarda la realizzazione del ponte sullo Stretto di Messina. Un'opera che tecnicamente, seguendo le capacità attuali per i temi della viabilità e per la costruzione di ponti, appare piuttosto semplice. Basta osservare le opere di questo tipo realizzate in Giappone, in Cina, e naturalmente in Europa.

Il tema, semmai, incontra altre problematiche: quella estetica, di efficienza, di reale vantaggio per una terra ricca di storia, che perderebbe l'identità di isola, con il fascino che questa caratteristica le attribuisce.

È comunque certo che, a prendere questa decisione, sarà la mafia che in quest'isola è nata e si considera pertanto una presenza più che storica, naturale. Sarà la mafia a decidere e a gestire l'impresa che eventualmente lo costruirà. Se l'opera, come abbiamo detto, è facilmente attuabile, avrà sicuramente costi di grande entità, tutti a carico dello Stato, anche se la gestione operativa della spesa spetterà alle due regioni che ne sono interessate, da un lato e dall'altro del ponte: la Sicilia e la Calabria. Due regioni con governi distinti e con «famiglie» di nomi diversi.

Mi pare pieno di significato un ricordo che riporta a uno dei periodi di attivazione della problematica sul ponte dello Stretto, in cui il governo italiano aveva preso la decisione non di fare il ponte ma intanto di progettarlo. Una separazione che sembra logica e di buon senso, ma in realtà non lo è poiché la progettazione richiede un lavoro, sia pure sulla carta, che impegna competenze tecniche e ingenti costi.

Mi trovavo a Messina per un convegno scientifico. Con la partecipazione mi ero proposto di visitare il museo da poco terminato, in cui erano state sistemate anche le opere di quel grande pittore che porta il nome di Antonello da Messina. Nell'incontro con alcuni storici amici e medici di valore vengo informato, parlando del ponte, che anche la progettazione era stata interrotta dalla magistratura per grave irregolarità nella gestione dei fondi.

La spiegazione che mi fu data è semplice: mi dissero che

i fondi erano stati deviati e illecitamente consumati prima che un'idea progettuale fosse diventata progettazione.

La mia meraviglia fu di constatare che già nella fase in cui si inizia a pensare a come fare il ponte, in questo caso a un'arcata unica o doppia, tutto era bloccato. Occorreva intervenire su inquinamenti mafiosi, sul pagamento di tecnici inesistenti, su opposizioni per danni arrecati a luoghi ipotizzati per porvi progettualmente le fondamenta...

Un noto psichiatra di Messina mi disse che, se si fosse giunti alla decisione di costruire il ponte e se fossero partiti i lavori, si sarebbero aperti i cantieri per non chiuderli più. A suo avviso, la mafia vuole che si faccia il ponte, nel senso che lo Stato disponga continuamente i fondi per porre una continuità tra Sicilia e Italia continentale, ma senza che abbiano mai una fine.

Mi sembra una spiegazione che, se non sarà vera nella traduzione burocratica, è però compatibile con un'operazione Stato-mafia che sembra diventata costume.

La mafia tra le altre «competenze» è specializzata nella gestione dell'usura, in concorrenza con i grandi istituti bancari ma con una efficienza di gran lunga superiore, in quanto riesce a prestare denaro a interessi del 20-30% all'anno.

Si occupa, dunque, di operazioni bancarie. Gestisce un'enorme organizzazione, con centri mondiali, per la produzione e commercializzazione illecite della droga. Oggi, molti rampolli delle famiglie mafiose hanno curricula universitari, alcuni sono laureati in economia e vengono occupati in «aziende di famiglia» con profitti elevati, gestendo non solo la prostituzione, ma istituti ospedalieri privati, convenzionati con il sistema sanitario nazionale. Non ultimo è l'impegno imprenditoriale per le gestioni a «regola d'arte» della raccolta e smaltimento dei rifiuti urbani.

Le tasse sono l'espressione della partecipazione di tutti i cittadini a una comunità, a uno Stato. Il denaro viene versato nelle casse per poter sostenere i servizi e dare risposte ai bisogni di tutta la popolazione. La partecipazione è proporzionale allo status economico di ogni cittadino e alle attività produttive. I «servizi» devono essere uguali per tutti, anche se il contributo alla loro gestione varia in funzione della ricchezza.

Il sistema contributivo è regolato da leggi che devono essere rispettate proprio per mantenere il senso della partecipazione dei singoli alla comunità, e sono previste pene per chi non segue i principi legislativi. Le punizioni sono amministrative e quindi si esprimono in denaro fino a un certo grado dell'evasione, oltre il quale le sanzioni diventano penali e prevedono la carcerazione. Si dà dunque il significato di «crimine» ai comportamenti che tendono a evitare il versamento richiesto.

La richiesta particolarmente elevata dello Stato italiano è legata al considerevole (e cronico) debito pubblico, per gli interessi passivi e la necessità di diminuirlo. La logica è quella di tassare i redditi annuali ed è chiaro che, tra un lavoratore dipendente e un imprenditore, la differenza risalta subito.

Su questa premessa è necessario sottolineare il termine (già espresso) di «evasione». Consiste nel non versare, entro la data stabilita per legge, una somma che deriva dalla valutazione reale del proprio reddito individuale e aziendale, non rispettando la normativa, non versando il dovuto o falsificando la quantità, con un versamento ridotto rispetto a quanto si dovrebbe fare. Si distinguono diverse situazioni fra cittadini: mentre il lavoratore, che riceve uno stipendio versato dal padrone, non ha alcuna possibilità di evadere e non può affermare una cifra diversa da quella che riceve in maniera tracciata, l'imprenditore presenta il proprio reddito sulla base del bilancio che la sua azienda presenta allo Stato e, sia pure con la presenza di un organo interno di controllo, ha quindi un'ampia possibilità di dichiarare il falso.

Senza ombra di errore, si può affermare che l'evasione è tendenzialmente usata dalle imprese e non dai loro operai. Con un'estensione pecuniaria a questa tendenza, si può aggiungere che a evadere sono i più ricchi nel Paese.

Si rileva una vera «pulsione» aziendale a falsificare i bilanci e a versare una somma inferiore allo Stato.

La conseguenza globale è che il fabbisogno per i servizi di un Paese risulta inferiore alle disponibilità, a causa dell'evasione. Per dare un volto alla parola «servizi», è sufficiente richiamare quelli per la salute, per il trasporto interno in città, che equivale a facilitazioni per arrivare ai luoghi di lavoro.

La pulsione a evadere può essere simbolizzata in un caso pratico: immaginiamo che un'azienda abbia un reddito tassabile di un milione di euro e pertanto rientri nel livello di tassazione più elevato dovendo corrispondere il 42% del reddito personale o aziendale. Ipotizziamo ora che quell'imprenditore non versi nulla al fisco; in questo modo somma al reddito reale, legato all'organizzazione produttiva, un 42% di utile illegale. Certamente, evadere la tassa equivale ad arricchirsi per evasione. Qualsiasi invenzione organizzativa non potrà mai ottenere una efficienza di simile entità.

L'Italia ha una delle tassazioni più alte, sia per i redditi personali sia aziendali, e, indubbiamente, l'entità del versamento stimola ancor più la pulsione a evadere. In alcuni Paesi la tassa in alcuni momenti è stata portata per tutti (*flat tax*) al 15% e si è dimostrato che, tanto più bassa è la percentuale di reddito dovuta allo Stato, minore è l'evasione.

È anche risaputo che, con l'apertura dei mercati e con la possibilità di de-localizzare le sedi industriali o legali, le imprese tendono a spostare l'attività nei Paesi a bassa pressione fiscale. Vi sono Paesi in via di sviluppo che, per richiamare aziende che portano lavoro, garantiscono una tassazione zero per le imprese.

La più grande azienda storica italiana, la Fiat, ora parte di un gruppo industriale associato, ha il domicilio fiscale in Gran Bretagna e legale in Olanda. Da lunga tradizione, le auto prodotte dalla Fabbrica Italiana Automobili Torino vengono presentate al Quirinale, al capo dello Stato. Un rito che continua anche se, di italiano, non c'è più nulla e la produzione che continua nel nostro Paese presenta bilanci dislocati. Una metamorfosi, dovuta certamente al fatto che il nostro Paese ha, per i motivi già ricordati, un regime fiscale non competitivo, anzi perdente, rispetto ad altri Paesi del mondo e persino europei. Un aspetto non certamente dovuto alle aziende, ma alle decisioni del governo. E il danno drammatico di perdita sia di identità sia dell'offerta di lavoro per il nostro Paese ha come conseguenza anche una perdita del gettito fiscale.

Sostenere che l'evasione fiscale è il punto centrale dell'organizzazione aziendale si deduce indirettamente dal numero enorme di professionisti dedicati a questo comparto. Ne fanno parte gli studi dei commercialisti che hanno, al loro interno, la sezione fiscale. Ma il segno ancor più tangibile è dato dall'incremento spaventoso della corruzione che le imprese esercitano sugli uffici erariali, i quali hanno il compito di verificare che i bilanci siano corretti e di sanzionare le irregolarità.

Si è creata una regola che sembra paradossale. L'azienda desidera avere una verifica fiscale, gli organi competenti entrano dunque negli uffici aziendali e controllano tutte le operazioni economiche e finanziarie. L'accertamento medio ha la durata di quindici giorni ed è atteso che l'organo di controllo rilevi operazioni irregolari.

Ed ecco il *coup de théâtre*: nell'incontro tra proprietà, amministratore delegato e funzionari dell'accertamento (ufficiali dello Stato), viene stabilito che il bilancio è falsato e che in base ai rilievi la penalità ha una data consistenza, ma che è possibile ridurre al 10% l'esazione reale, versando come compenso una «tangente» che viene quantificata. Lo scopo aziendale è raggiunto: si stabilisce che una verifica avverrà ogni due anni, in certi casi annualmente, ma l'azienda sa esattamente che può falsare con regolarità i bilanci, e così aumentare l'evasione erariale. E ha la certezza o, in altri termini, la tranquillità, di presentare i bilanci, con il versamento di una tangente, comunque irrisoria, rispetto al 42% richiesto per legge.

L'organo fiscale risulta aver sanzionato l'azienda, la quale deve optare per un bilancio certificato del 10% in più, mentre ha evaso per almeno il 30% e continuerà a farlo senza correre rischi che hanno la dimensione stabilita dalle procedure penali.

Un perfetto connubio tra corruttore e corrotto, nel significato più profondo per cui è difficile distinguere persino chi sia il «corruttore» e chi il «corrotto».

Questa «serena» pianificazione criminale gode di un grande privilegio grazie a uno Stato severissimo in materia fiscale ma che, allo stesso tempo, dispone per legge che i bilanci aziendali non possono essere soggetti a verifica retroattiva oltre i cinque anni. Tiene conto del ricambio degli operatori del fisco, evento che richiede di far ripartire la liturgia dell'illecito, che diventa parte ormai della strategia aziendale.

In Italia è noto che uno degli imprenditori più ricchi del nostro Paese – occupava un posto anche nelle classifiche dei ricchi stilate da «Forbes» – coprendo un incarico governativo importante, attraverso leggi ad personam (come la depenalizzazione del falso in bilancio e il condono tombale per le imposte evase) aveva ottenuto una sorta di «immunità fiscale» per le sue aziende che ovviamente erano, dato l'incarico statale, guidate dai figli.

Un esempio significativo di come un racconto che sembra di fanta-economia sia invece molto concreto. Allo stesso tempo, sottolinea lo stretto rapporto tra ricchezza e potere, un binomio fondamentale della scienza economica. La motivazione di tale immunità era il lasciare senza preoccupazioni l'uomo di governo, nel dedicarsi al bene dell'Italia.

Una breve storia che serve anche a dare forza a un principio della psicologia, secondo cui la maniera più efficace per accettare la corruzione del potere dei ricchi è quella di far diventare tutti, pur a livelli di minore entità, degli evasori.

E a dimostrarlo basta rilevare quanti pagano un euro per il caffè, senza scontrino. O si richiede una fotocopia senza la dovuta ricevuta di 0,04 euro. In maniera meno sostanziale si sanziona la settimana di lavoro richiesta per la vendemmia senza un contratto di assunzione.

Le aziende che oggi raggiungono i profitti più elevati e generano i nuovi ricchi sono legate allo sviluppo tecnologico diventato il simbolo del tempo presente: il computer digitale. È entrato nella storia alcuni decenni fa, ma è recente l'uso che ne è derivato e che ha mostrato una tale diffusione da essere stato appropriatamente definito una appendice del corpo umano e della psiche, tanto da porre in serie difficoltà esistenziali chiunque non ne faccia uso.

Un riferimento obbligato, sia perché l'industria digitale sta sconvolgendo il comportamento umano, ma anche perché ha un tale riflesso sul potere di chi ne gestisce le funzioni da stigmatizzare in maniera esemplare il binomio ricchezza-potere che si può anche esprimere all'inverso come potere-ricchezza.

Le funzioni almeno più basilari sono note poiché sono diventate di uso comune e il riferimento dell'oggetto è lo smartphone, ma è doveroso ricordare che fin dall'origine il computer si è mostrato uno strumento fondamentale per la ricerca scientifica di ogni ambito e in maniera persino straordinaria negli studi di astrofisica a cui si agganciano anche i viaggi nello spazio che, dalla fase riservata agli astronauti, sta passando alla dimensione turistica.

La necessità dello smartphone è così rilevante da perdere l'usuale significato di «oggetto» in quanto manca di passività ed è invece interattivo: se gli poniamo domande, riceviamo risposte che servono alla conoscenza, ma anche all'azione e dunque al comportamento umano.

In questa percezione particolare, passa in secondo ordine il fatto che sia un oggetto del mercato che ha un costo di acquisto e uno ancor più rilevante di esercizio. Questa distinzione la si vede bene espressa dal riconoscerne una parte *hard* (l'hardware), che si riferisce alla struttura, al *come* è fatto un computer digitale, da tenere in tasca o nella borsa, e una parte *soft* (software), che raggruppa le molte funzioni che si possono attivare. Ciò indica che, sul piano dell'imprenditoria digitale, vi sono aziende che producono lo strumento nudo e molte altre che producono, e vendono, una o più funzioni. Poiché si tratta di un oggetto grandemente flessibile, adattabile, le funzioni *soft* sono così numerose da aver promosso attività aziendali in continuo aumento.

Il software più diffuso è *Windows*, un sistema di ordinamento dei dati, in grado di produrre conoscenze attraverso le molte elaborazioni che permette, di grande utilità, sia per una valutazione del presente, sia per proiezioni che quei dati possono esprimere nel futuro. Ma la maniera, forse ancor più esplicita, per sottolinearne l'importanza è ricordare che il suo creatore occupa da moltissimi anni i primissimi posti nelle gerarchie delle persone e delle aziende più ricche del mondo.

L'uso del computer digitale prevede dunque l'acquisto dello strumento e, nel 90% dei casi, del programma dei software di Windows. Un costo iniziale e la necessità di un rinnovo annuale.

Distaccarsi da Windows significa abbandonare il mondo e lo dimostra l'atteggiamento dispotico della gestione aziendale e dell'insieme industriale e commerciale di questo settore, una via per la ricchezza che sa di strapotere.

Il primo segnale si lega alla considerazione che i programmi *soft* lasciano al produttore (azienda) la possibilità di entrare nel computer e nel suo esercizio. Una violazione della privacy, se il computer diventa il *sancta sanctorum* della vita di ogni persona o la vera banca dati di un'azienda.

Il bisogno di segretezza va difeso attraverso le password, segrete a tutti con l'esclusione della Microsoft che è sotto il controllo del ricchissimo Bill Gates, l'unico che la conosce così bene, da avere il compito di impedire che il programma si apra se non vi è inserita la password giusta. Del resto se la si vuol cambiare, occorre chiedere al sistema di modificare la serratura.

Una possibilità che ha una dimensione pratica, data la grande richiesta di dati personali per la pubblicità, che sta passando da una fase generalista a una personalizzata. Inoltre il grande imprenditore Bill Gates vende un prodotto che può modificare e migliorare attraverso continui apporti che hanno il nome di «aggiornamenti», giustificati dalle innovazioni che la scienza dei computer e l'efficacia dei software richiedono.

Impossibile opporsi all'aggiornamento: viene comunicato entrando nel computer e, annunciandolo quindi educatamente, Bill Gates chiede se è possibile inserirlo in quel momento, interrompendo l'uso del computer che se ne sta facendo. Si può in tal caso dire di no ma entra la domanda su quando sarà possibile portare il sistema operativo Windows alla migliore funzionalità. Si può resistere, nella convinzione che così com'è, per chi ha acquistato quel programma, soddisfa in pieno le proprie esigenze. Ma non è possibile, perché l'aggiornamento viene installato in un momento in cui il computer è chiuso. Chiuso, ma non per lui che ne ha la chiave di accesso, senza disturbare, con la stessa abilità con cui un ladro entra in casa e ruba, mentre i signori dormono.

Gli aggiornamenti il più delle volte sono vere strategie aziendali e riguardano variazioni di poco conto. In molti casi viene cambiata la pagina di apertura di Windows che consiste in una bella immagine fotografica, inutile per l'uso. Dopo frequenti aggiornamenti giunge il tempo della nuova versione (nel 2024 saremo a Windows 12) che comporta un nuovo acquisto.

Va sottolineato che la percezione che tutti noi abbiamo del computer è che si tratti di un oggetto intelligente e così necessario che, se non funziona, ognuno si ritiene un incapace mentale. Come conseguenza s'impone la tendenza ad accettare un vero dominio e, nello stesso tempo, la dipendenza psicologica porta a stabilire contatti persino con lo «spacciatore».

Ammettiamo comunque che un drogato decida di non comprare la nuova versione di Windows. Si accorge che, aprendo il vecchio Windows, trova la notizia che da quel momento non verrà più aggiornata. Il che significa che tutti gli altri hanno invece la nuova versione che non è compatibile e non è sintonica con la vecchia. Viene esclusa, così, ogni possibilità di evitare l'acquisto del nuovo, poiché il proprio computer perderebbe la primaria funzione della comunicazione necessaria agli scambi informativi e legati anche al proprio lavoro. Non resta che digitare subito i clic che conducono al sito di Bill Gates, e procedere all'ordine.

La sensazione è quella del dipendente da cocaina che vorrebbe avere almeno la libertà di cambiare spacciatore, ma è preso dalla paura di entrare in una grave crisi di astinenza.

Abbiamo tracciato un racconto, che a me pare molto triste, sul software più usato, ma la stessa storia vale per tutti gli altri. E dopo questa affermazione, mi pare impossibile che esista ancora qualcuno convinto che il computer digitale e lo smartphone esprimano la «grandezza» e non la «povertà» del tempo presente.

Ricordano il dramma di quei bambini che continuano ad amare padre e madre che li maltrattano e li picchiano, poiché non hanno nessun altro e finiscono per considerare quel comportamento come prova dell'attenzione e del legame d'amore.

Le aziende che vivono sulla dipendenza, ormai capillare nel mondo intero, sono ad alto rischio di diventare leader nel mercato della ricchezza e della imprenditoria «perversa» e «paranoica».

Il computer digitale e lo smartphone vengono ancora presentati come la soluzione magica ai problemi del nostro tempo, quasi non fossero «oggetti» di litio, di rubidio, dotati delle forme con il fascino del design. Vengono caricati di valori simbolici che rendono, solo all'apparenza, più facile l'esistenza.

Di ogni strumento utile serve conoscere i danni che può produrre, a partire da un semplice coltello da cucina. Per un adolescente il rischio è la dipendenza virtuale, per un operatore di computer, subentra lo stress per un uso del cervello di carne secondo principi che non appartengono alla biologia. Per quanto riguarda le imprese digitalizzate, basta un temporale perché si ritrovino nel caos e nell'inefficienza.

L'imprenditore del denaro

Dagli ambiti a cui abbiamo fatto riferimento, mi sembra risulti chiaramente che la personalità di coloro che gestiscono e guidano queste aziende anomale sia del tutto particolare. Se vengono messi a confronto con i responsabili di aziende bene inquadrate nell'ambito sociale e nel rispetto delle leggi, ci si accorge della diversità proprio dei padroni-imprenditori del «malaffare».

Si rileva come primo elemento una personalità attratta dall'agire «al di fuori» della legge, conoscendola bene proprio per poterla solo aggirare e, semmai, acquisirne vantaggi.

Si mette in evidenza la sfida ad agire contro la legge, fingendo di rispettarla. Il successo non si pone soltanto nella ricchezza accumulata, ma nel modo in cui si è riusciti a farlo. Riporta *mutatis mutandis* a una partita di poker dove, da una parte c'è il giocatore che ama vincere bluffando, dall'altra un imprenditore attento a come opera l'azienda nel suo insieme, applicando la critica, le ipotesi, la ragione.

L'imprenditore del rischio e dell'azzardo guarda solo al denaro ed è evidente da come lo esibisce in comportamenti esagerati, eclatanti, attraverso simboli che lo richiamano quasi con ossessività.

Si tratta di personalità ego-centrate, la cui identità non si pone in doti individuali, ma dentro la quantità di denaro, che costituisce il vero suo Io. L'azienda è pertanto una sorta di bancomat, da cui tirar fuori denaro, e ciò che colpisce in questo tipo di personalità è sempre l'eccesso. Per questo è necessario imbrogliare, far apparire che tutto ciò che l'azienda produce è eccezionale nei confronti di una concorrenza, presa di mira con un celato pretesto per parlarne male, descriverla negativamente, per distruggerla a vantaggio della grandezza della propria.

Ho avuto modo di associare questo tipo di imprenditore alla delinquenza, e sono sempre convinto che esista una personalità «delinquente», spinta a essere sempre contro, innanzitutto contro le leggi, ma anche contro chiunque nel sistema aziendale possa diventare ostacolo all'apparire. Ricorda il comportamento dell'invidioso che, di fronte a una figura irraggiungibile, si arrovella nel volerla emulare mentre non gli resta che distruggerla. In questo sta la «criminalità», nel considerare la violenza come la vera «forza», che giunge persino a eliminare il nemico.

Un altro segno della «malattia da ricchezza cronica» è poi il ritenersi *deus* della propria attività, senza mai porre l'attenzione sui collaboratori, sulla squadra con cui si deve gestire l'azienda e che rappresenta il vero valore. Tutto viene rimandato al padrone, ed è la dimostrazione che si ignora invece che un'azienda riporta alla metafora dell'orchestra, dove è necessario che chi la dirige sappia riconoscere i bravi violinisti o i maestri degli strumenti a fiato e a percussione, per guidarli in maniera armonica nell'insieme.

Ricopre invece l'immagine solitaria dell'eroe che non ama condividere la propria azione con altri, poiché teme che possano oscurarne il dominio. E si preoccupa di quelli esterni, ma anche all'interno dell'azienda, in cui cerca sottomissione e soprattutto elogio.

Entrando ancor più profondamente in questa personalità, ci si accorge della assoluta mancanza del «senso di colpa», a iniziare dal fatto che non ammette mai di aver potuto commettere degli errori o provocare danno agli altri. Il senso di colpa indica la capacità di un autogiudizio, di avvertire che quel comportamento non corrisponde a quanto si sarebbe voluto fare.

La mancanza del senso di colpa è segno della totale assenza di moralità, intesa come lo sforzo di inserire la propria esistenza all'interno della comunità. Domina invece il superuomo di Friedrich Nietzsche, per il quale le leggi, semmai le riconosca, valgono solo per gli altri, non per se stesso.

Ritorna la figura del «delinquente» che, anche quando è giudicato e punito, rimane convinto di aver subito un sopruso, non di averlo compiuto. È del resto molto difficile che un criminale, che ha commesso un reato, si penta intimamente dell'accaduto.

Vi è sempre in queste personalità un'intensa vita sessuale, che diventa un segno d'identificazione, e regolarmente la donna è «usata» per il piacere del dominio e l'esibizione che richiama esattamente la scena tra predatore e preda. Il sesso come un rito di dominio. Una sessualità violenta, che ha una radice psicopatologica anche se si esprime nella fisicità. La motivazione è il sesso, non il piacere, che sempre appartiene all'insieme, alla coppia, in una sorta di co-operazione, sapendo che se lo raggiunge il partner, il riflesso ricade anche sul proprio.

Parlando del comportamento legato all'economia della ricchezza, ci siamo riferiti esclusivamente al genere maschile. Il termine «uomo» non era quello dell'antropologia in cui *Homo sapiens sapiens* include l'altro genere. Del resto fino a un recente passato era addirittura impensabile che il personaggio dominante nell'azienda fosse una donna e, che si trattasse di un aspetto culturale, lo si è anche evidenziato dall'esclusione della donna dal sapere e dalle università, che ne hanno rappresentato la sede più alta. Ma anche nel tempo presente, nonostante le giuste rivendicazioni del femminile, se si fa però riferimento al ruolo del padrone o alla responsabilità gestionale, è difficile trovare una donna. Ciò è semplicemente dovuto a un preconcetto, fondato antropologicamente sulla maternità come impegno continuo per la donna che pertanto la escludeva da mansioni fuori dell'ambito familiare. Nel giro di un decennio si è dimostrata l'insostenibilità di questa visione, osservando l'entrata della donna in campi e in ruoli prima esclusivi del mondo maschile. E in modo particolare nell'ambito della burocrazia del potere come la politica, dove le donne hanno raggiunto tutti i livelli maschili, sia ai vertici di partito sia a quelli di governo, con la sola eccezione del ruolo di capo dello Stato. Ma già tutto è preparato e accettato perché possa avvenire.

Nel campo dell'impresa si fa ancora fatica nel tenere «aperte le porte», che significherebbe concedere anche al genere femminile il potere vero: quello della ricchezza e del denaro. Permane ancora la separazione tra il marito a capo del *patrimonium*, e la donna a cui spetta il *matrimonium*, che specifica chiaramente il suo destino di madre. Etimologicamente, matrimonio è formato dalla radice *mater* (genitivo *matris*), con il suffisso *monium* (da *munus* che significa compito)..

Una digressione che mostra in maniera inequivocabile come il patrimonio, nell'accezione economica, sia compito del padre (e biologicamente non può che essere uomo). Per queste resistenze è difficile parlare dell'esperienza della donna alla guida di grandi aziende, quelle che permettono enormi profitti, tali da avere una dimensione geopolitica, con a capo i super «padroni dell'umanità». Sono ancora declinate al maschile, mentre ne esistono molte di «piccole» gestite da donne e anche settori, all'interno delle grandi aziende, in cui la responsabile è donna: per esempio le risorse umane e l'amministrazione contabile. Espressione forse dell'accoglienza umana delle donne nel primo caso e della loro precisione per il secondo. Dimensioni che non contemplano ancora il comportamento decisionale e la creatività che l'impresa richiede.

Accettando il rischio dell'errore, e solo con l'intenzione di tratteggiare un'ipotesi, mi sembra di poter dire che più salgono la gerarchia aziendale, più le donne seguono come modelli i grandi esempi della gestione al maschile. L'impressione è che si tratti di «padrone» che hanno indossato pantaloni e giacche, e in qualche caso anche la cravatta.

Ma sottraendomi subito dal rischio altissimo dell'errore, voglio brevemente raccontare la storia di tre «imprenditrici» minori, che permettono di entrare *in corpore vili*, evidenziando comportamenti e una personalità che appartengono appieno al settore dell'economia del denaro.

La prima riporta in un ambito di grande importanza, sia per la produzione sia per la commercializzazione, in cui la protagonista è una donna che si dedica ai cosmetici fin dalla giovane età, quando a diciassette anni genera un figlio con un uomo ben più grande di lei, attratta forse dal fascino di una vita apparentemente ricca in contrasto con la propria, legata a una famiglia in continue difficoltà economiche. Si sposa e nel giro di pochi anni si costituisce una famiglia con altri due figli. A questo punto, il marito l'abbandona per unirsi con un'altra donna. Proprio nella vertenza giudiziaria, con cui tenta di ottenere gli aiuti di legge per crescere i figlioli, scopre che le condizioni economiche del marito erano una finzione, prendendo atto di trovarsi con tre figli, senza un sostentamento, e senza aver potuto ottenere un curriculum scolastico che le consentisse un'identità professionale.

La vertenza giudiziaria è l'occasione per conoscere un legale che non solo si dedica alla difesa dei diritti di questa donna con particolare attenzione, ma essendo di vent'anni più vecchio, se ne innamora. Con il suo aiuto la signora, anziché cercare un lavoro come dipendente, apre un negozio di cosmetica dove vende prodotti per la bellezza femminile, ma anche maschile.

Pur da queste brevi note, risulta che si tratta di una giovane con forti pulsioni di rivendicazione sociale e una certa propensione a usare la giovinezza e la capacità di attrarre uomini di una certa età, che possono richiamare la figura paterna. La spinta di fondo sembra essere il progetto di poter raggiungere una migliore condizione economica che è, forse, il desiderio che avverte con più intensità, e che la porta ad attribuire al denaro il significato di un oggetto «esistenziale».

Almeno nella prima fase, usa la propria attraenza per legarsi a personaggi che le appaiono uno strumento necessario per intraprendere questo sentiero. Non può contare su una bellezza travolgente su cui pianificare la via del successo, e deve anche per questo fondarsi sul lavoro. La scelta della cosmetica la spinge fra l'altro tra creme e rossetti, verso prodotti che aiutano a raggiungere la magrezza, a curare particolarmente il proprio apparire.

Il grande impegno nel lavoro, la capacità di venditrice, una particolare abilità nella persuasione, mettono in luce l'abilità di commerciante.

I figli vengono lasciati alla nonna durante le ore d'impegno nel negozio e diventa chiaro che la strategia per aiutarli e creare loro le possibilità che a lei sono mancate, trova fondamento sul denaro che si doveva far uscire da quella bottega della bellezza.

Dopo qualche anno, si rende conto che, all'interno del settore in cui opera, le cose vanno bene, ma non tanto da poter rispondere ai desideri e alle motivazioni animate dalla voglia di successo. Elabora allora un'idea che già era nell'aria, forse raccolta nel mondo da lei frequentato per lavoro, quella di considerare la bellezza il fondamento per la salute del corpo, e sposta l'attenzione dai prodotti ai produttori, verso cui dedica una vera analisi. E scopre che il profitto, nella filiera in cui si era inserita, si colloca esattamente nel passaggio dai costi di produzione ai prezzi con cui i negozi acquisivano i prodotti, a cui aggiungevano la percentuale da cui dipendeva il loro risultato economico.

Su questo assunto nasce la nuova tappa, che la porta a diventare l'agente unico per l'Italia di una grande casa di produzioni cosmetiche. Nel frattempo il legale, che era anche diventato socio, scompare.

La nuova conquista affettiva la porta a un ricco laboratorio di prodotti, che esprimono l'idea di un'*estetica* per il *benessere* delle persone. Una parola che in quel periodo era il simbolo di una società che aveva migliorato il livello economico.

Il negozio viene venduto, apre una sede per il commercio e inizia così la costruzione di un'organizzazione di venditori, ma anche di esperti, che coprano progressivamente le regioni italiane, facendo entrare nei negozi i propri prodotti. Il lavoro diventa più intenso, il profitto aumenta, poiché è come se la signora vendesse la propria merce in un numero di punti vendita sempre crescente.

L'aver gestito direttamente un negozio le dà una conoscenza della logica di vendita. Aggiungendo un piano di promozione pubblicitaria, può finalmente parlare di un fatturato e di una dimensione di vendite che le permettono di arricchirsi. I primi guadagni significativi suscitano in lei una vera pulsione ad aumentare sempre più il fatturato e ottenere maggior profitto.

I figli crescono nell'indifferenza, hanno ora tra i ventidue e i ventisei anni. Non hanno combinato nulla, ma il successo del lavoro materno li riempie via via di benefici come guidare una bella moto ed esprimere eleganza, anche se frequentano l'azienda commerciale senza esperienza e senza titoli.

A questo punto la signora elabora un'altra idea che le permette di poter dare ai figli quello che lei non ha avuto e che d'altra parte loro non si sono applicati per avere. L'idea è di comprare in un Paese della ex Jugoslavia tre lauree. Inizialmente pensava a due, una in economia per Giacomo e l'altra in scienze politiche per Giovanni. Erano costose ma raggiungibili. Ottenuto uno sconto, diventa anche lei «dottore». Il primo figlio assume la carica di responsabile finanziario, il secondo di gestore del marketing, lei mantiene il ruolo di presidente e amministratore delegato, coprendo anche il commerciale. La figlia si sposa ed entra in un mondo totalmente differente.

Il rapporto con i laboratori da cui escono i prodotti è buono, forse ci sono parentesi affettive con il vecchio padrone dell'azienda chimica. Certo la signora non pensa nemmeno lontanamente ora a una vita affettiva, il legame è con il denaro.

Sul piano della personalità agisce con due comportamenti antitetici, tanto da poter definire un «doppio»: da una parte si presenta accogliente, persino materna, con le persone del grande gruppo familiare, dall'altra manifesta una «cattiveria» che ricorda la perfidia, nei confronti dei dipendenti, dei venditori, di chi si occupa della presentazione dei prodotti, tutte le volte in cui le sembri di rilevare un comportamento che le appaia di ostacolo. Emerge la combinazione o sovrapposizione di un signor Hyde e un dottor Jekyll al femminile, la «generosità» in denaro da un lato e una «tirchieria» dall'altro, come applicazione della logica di dare il meno possibile ai dipendenti. Un comportamento di vero sfruttamento. Vi si aggiunge un timore ossessivo di essere tradita e, certamente, ha un ruolo importante l'esperienza di un tradimento che l'ha lasciata sola, con la responsabilità di crescere dei figli in condizioni di privazione. Ma adesso vi è uno spostamento di tale esperienza all'interno dell'azienda, dove i figli incapaci occupano posizioni gratificanti e con compensi immeritati, mentre i collaboratori, il cui ruolo professionale è svolto nel rispetto delle regole, vengono sospettati, controllati e mal pagati.

Un altro elemento sul piano psicologico è dato dall'insicurezza. La totale dedizione all'azienda, l'attaccamento al denaro, le hanno impedito di dedicarsi a una vita sentimentale. L'affetto viene sempre tradotto in denaro, che diventa la modalità unica per esprimerlo, ma ciò che deriva dagli affetti e dalle relazioni umane richiede, invece, un coinvolgimento diretto e solo l'affettività come espressione umana dà sicurezza, poiché permette di avvertire l'appartenenza all'altro. È indubbio che la signora avverte una solitudine, dà denaro quando i figli si sposano e si allarga così il numero delle persone che entrano nell'azienda, mentre nel privato vede la presenza solo del personale di servizio o del segretario. È probabile che, in questo contesto, si spieghi un'adesione a comportamenti di tipo religioso che la legano indirettamente a un Dio, con cui si relaziona attraverso offerte, come acquistasse protezione. E anche il rapporto con il Padre eterno, per la signora si stabilisce in termini economici.

La seconda storia di donne imprenditrici che gestiscono un'azienda di medie dimensioni riporta a un periodo in cui nel nostro Paese si riattiva la concia delle pelli, a cui si agganciano attività legate al settore calzaturiero. Vi si produce un oggetto di abbigliamento essenziale, un simbolo per l'eleganza. Un settore che indubbiamente presenta il *made in Italy* come un riferimento internazionale.

Nasce un'azienda sulla forte motivazione di un giovane che, nel creare un'azienda produttrice di scarpe, vede la via per un salto nella gerarchia economico-sociale. La sua attenzione per questo indirizzo è in parte motivata geograficamente, poiché vive in un'area di concia delle pelli e di calzaturifici che, nel passato, utilizzavano anche l'attività delle famiglie, magari in una stanza della casa o in un improvvisato luogo dove cucivano tomaie e infilavano lacci.

Un'immagine che egli aveva depositato nella memoria di quando il nonno materno, che coltivava un pezzo di terra con l'aiuto della moglie e dei figli, svolgeva anche questa attività, nei giorni festivi e la sera quando la campagna era al buio.

L'inizio dell'attività industriale fu proprio in un capannone che fece costruire in un terreno agricolo di proprietà paterna. Il primo problema da risolvere fu di ottenere le «commesse» direttamente, ma intanto cominciò subappaltandone alcune da un calzaturificio di grandi dimensioni. Ciò gli permise di avere esperienza anche delle strategie operative per farsi una clientela.

Alla scuola tecnica industriale che aveva frequentato aveva imparato bene la lingua inglese, seguendo film oppure conferenze che si svolgevano in questo idioma internazionale. E non faticò a capire che i clienti più numerosi erano gli inglesi, che amavano questo oggetto di abbigliamento e che avevano dato anche un'impronta allo stile da loro prediletto.

Esisteva un periodo dell'anno in cui i committenti venivano a visitare la zona e il giovane riuscì ad attirare l'attenzione di alcuni, ricevendo ordini che richiedevano però una vera azienda e progressivamente spazi operativi aumentati. Usava comunque anche la tradizione di dare a famiglie terziste dei compiti che riguardavano i dettagli di una scarpa, che si può ridurre a un montaggio di tante parti.

I capannoni erano abitati infatti da una catena di montaggio e l'imprenditore provava un piacere particolare nell'assistere alla filiera che partiva da nulla e, seguendo un percorso da serpente, mostrava alla fine un oggetto straordinario, che egli trovava proprio «bello», pur tra le variazioni imposte dalle forme e dai particolari. Alla fine, le scarpe andavano lisciate e poi entravano nel reparto spedizioni: ogni paio in un'elegante scatola, che portava le scritte in inglese.

Aveva organizzato la zona uffici e il suo, già dalle dimensioni, mostrava inequivocabilmente che era quello del «capo». Bisogna ammettere che era la vera abitazione dell'imprenditore, il luogo dove era iniziato il sentiero della ricchezza, che ancora non era giunta alla dimensione delle strade asfaltate, tantomeno delle autostrade.

Nell'ufficio accanto al proprio si era posizionata una giovane donna, che l'imprenditore chiamava e presentava come l'assistente. Una ragazza che mostrava impegno e dava un grande aiuto ai molti problemi che quel lavoro richiedeva, ma soprattutto alle difficoltà che la produzione, talora in maniera imprevedibile, poneva.

La signorina era capace di scrivere bene le lettere, di fornire garanzie, sulla base anche di un modo di fare gentile e raffinato, e aveva ormai raggiunto il ruolo della collaboratrice più importante poiché sapeva seguire le relazioni commerciali, mentre l'imprenditore era più legato alle fasi della nascita e della qualità del prodotto.

In azienda si mormorava sul legame tra il capo e quella signorina, che lo sostituiva completamente quando per le commissioni o gli acquisti dei materiali (in particolare della scelta delle pelli) doveva viaggiare. Anche per le scarpe vale il principio del cuoco, il cui lavoro non incomincia quando mette le padelle sul fuoco, bensì nella scelta delle materie prime che si trovano in natura, con una grande varietà di gusto e di qualità.

Alla fine della giornata di lavoro, quei due uffici rimanevano con le luci accese ed è altamente probabile che i due si trattenessero così a lungo per motivi di lavoro, e non per esigenze affettive.

Una descrizione che fa emergere un'atmosfera collaborativa, che è regola nelle dinamiche di una direzione aziendale e nello stesso tempo aveva il significato di un'operatività efficiente, poiché il governo aziendale era particolarmente puntuale e coerente. Ciò era testimoniato da una crescita lineare dell'attività, senza quei salti che sembrano improntati al miracolo, e non alla continuità di un sistema che vede una progressione costante. Si poteva seguire il successo progressivo dalla tipologia delle auto che, nel tempo, si osservavano davanti alla palazzina degli uffici.

Accadde ciò che era veramente imprevedibile: un incidente stradale lasciò quell'azienda per un po' con il proprio capo in ospedale, ma successivamente nella sua mancanza. Piansero anche le molte famiglie che lavoravano per quell'azienda. Si seppe che, nel testamento, aveva lasciato l'azienda a quella assistente, indicata come il suo «braccio destro». La sorpresa fu in particolare per i familiari, soprattutto per un fratello che ne veniva escluso, rimanendo, dopo questa trasformazione dell'azienda al femminile, un semplice dipendente dell'area spedizioni.

Ma il vero cambiamento avvenne dopo quell'evento luttuoso, al punto da poter parlare addirittura di metamorfosi poiché quell'assistente era diventata imprenditrice. Si assistette ben presto anche a un cambiamento di stile comportamentale e dunque di personalità.

Un'altra metamorfosi. Si vide infatti che l'atteggiamento di voler comandare arrivò a invadere anche ambiti di cui non aveva competenza, nella pretesa di essere sempre lei a dire l'ultima parola, che doveva diventare la decisione indiscutibile. Tale imperio si rivolgeva prevalentemente, e spesso in modo inadeguato, agli uomini dello staff aziendale, diretto anche al suo assistente, un uomo che occupava ora il suo precedente ufficio, quando lei si trasferì in quello del comando.

Nella sua posizione di donna al vertice dell'azienda, sembrava attenta fino all'ossessione a impedire che un uomo potesse mostrare un comportamento di comando. Si potrebbe dire che il messaggio continuo, talora maldestro, era che a comandare era lei e che l'uomo era, sempre e comunque, alle sue dipendenze, tradendo così il bisogno di dimostrare il suo potere proprio su di loro e la voglia di cancellare ogni segnale di possibile maschilismo aziendale.

Non vi era dubbio che fosse lei a prendere ogni decisione, aveva ridotto le deleghe anche nel reparto produzione, ma il vero cambiamento era che quella posizione di capo uccideva ogni sua «femminilità».

Mi sembra essenziale che, nella crescita di una civiltà, le donne occupino qualsiasi ruolo e nei diversi gradi sul piano sociale, compreso il comando aziendale, ma è necessario attendersi uno stile imprenditoriale al femminile, per non dover ammettere di assistere a una «trasformazione al maschile» delle imprenditrici donne. Ed è altrettanto evidente che, se esistono dei criteri di organizzazione aziendale più efficaci, vanno applicati in ogni tipo di azienda. Ma ogni trapasso alla «femminilità» deve comportare un arricchimento, un nuovo stile e non l'omologazione, che appiattisce *ipso facto* la diversità di genere.

Banalmente si può affermare che due negozi di frutta, che offrono la stessa merce e agli stessi prezzi, se uno è gestito da una donna e l'altro da un uomo, mostreranno di essere due negozi diversi. La parità dei ruoli non può tradursi in necessaria identità dei luoghi, senza variazione negli stili di comunicazione, nelle eventuali innovazioni... Se non fosse così, la fatica che le donne hanno compiuto per raggiungere determinati traguardi e che devono ancora compiere perché si raggiunga una vera parità sociale, servirebbe a uccidere e omologare le differenze tra maschile e femminile, viste come qualità della specie umana e dell'esistenza.

Nel caso dell'imprenditrice, anche se il calzaturificio continuava a mostrare un andamento di crescita positivo, sembrava volesse, per una conferma del proprio ruolo, addirittura cancellare un modo di pensare, una modalità relazionale, che sono importanti anche negli incontri e nei rapporti di lavoro, e non solo nell'amore. La scelta di un assistente uomo sembrava esprimere un continuo bisogno di controllo e di verifica del proprio dominio.

Che si trattasse di un problema di personalità, e non solo di operatività aziendale, si evidenziò alcuni anni dopo la scomparsa dell'iniziatore quando, assumendo subito un peso significativo, s'iscrisse all'Associazione donne imprenditrici. E suggerì che si doveva raggiungere lo scopo di aumentare il numero delle donne con onorificenza di Cavaliere del lavoro nominate dal presidente della Repubblica.

Anche a questo proposito, si potrebbe dire che tale scopo richiede però un aumento delle donne a capo della gestione aziendale e un tempo necessario a conseguire gli obiettivi degni di quel riconoscimento.

Per chiudere questa storia, occorre ricordare che la signora aveva stabilito una relazione con un compagno, anche se rifiutava il contratto matrimoniale. Il legame non resse poiché, anche nella coppia, s'imponeva lo stesso comportamento che dominava nella gestione aziendale.

La terza storia ha come luogo dell'attività Milano, giustamente considerata la «Mecca» dell'attività imprenditoriale. Ospita infatti la maggior parte delle aziende leader.

Se nei primi due dominava il racconto della nascita e dei primi sviluppi di un'impresa guidata dalle donne, in questo caso viene invece introdotto il problema di aziende che, già giunte a una considerevole dimensione, risentono della successione generazionale: quella del passaggio gestionale, dal padre al figlio o ai nipoti. Questa sequenza talora è espressione di un radicale cambiamento della visione del mondo, del *come* vengano vissuti l'impegno imprenditoriale e la ricchezza. In un'antica tradizione che riguardava la nobiltà, il potere spettava al primogenito e ne veniva escluso il genere femminile, a meno che non si fossero generate solo femmine.

La storia aziendale era partita dal nonno, laureato in ingegneria, a capo di un'azienda meccanica, segnata da un rapido successo, reso tale anche dal particolare periodo di fervore della rinascita che ha caratterizzato il secondo dopoguerra. Giunti alla terza generazione, il comando gestionale passa a una donna in età giovanile.

La sua storia personale si lega al clima di benessere e a studi che, pur senza carattere di fatica, hanno favorito la conoscenza prima e poi il necessario aggiornamento dei prodotti che nel campo della meccanica risentivano delle scoperte continue del settore.

Non si può dire che la successione di una donna della famiglia avesse il carattere di una sorpresa, poiché era l'unica rappresentante della terza generazione, e aveva seguito studi, anche se non conclusi, d'ingegneria, sulle orme sia del padre sia del nonno. Si trattava di una scelta influenzata certamente dalla facile ipotesi che spettasse a un ingegnere donna il compito di mantenere la tradizione di famiglia.

Non si era trattato di una ragazza con grandi successi scolastici e anche durante l'università aveva subito rallentamenti per difficoltà in alcuni esami. Nel caso specifico, se Meccanica 2 era per tutti uno scoglio, per lei divenne un «calvario». Successivamente, l'esame di Scienze computazionali, diventato obbligatorio per l'unione inseparabile tra meccanica e scienze digitali, l'aveva portata a non lottare più e ad abbandonare uno studio che le era sembrato di una difficoltà eccessiva. Si deve aggiungere che la laurea finiva per essere una decorazione per chi già era designato al ruolo di gestire l'azienda di famiglia. Forse non solo quella facoltà, ma anche il tipo di azienda non si accordava ai suoi desideri e interessi.

Non avendo comunque grande entusiasmo nemmeno per prenderne le redini, accettò il consiglio del padre di seguire un master di organizzazione aziendale presso l'università Bocconi.

Si giunse al *redde rationem*, quando il padre dovette ritirarsi per seri problemi di salute. Già frequentava, sia pure come ospite privilegiata, l'azienda e non aveva mai mostrato segni di particolare attrazione. Del resto, ciò avrebbe interrotto un ritmo esistenziale di amicizie, di libertà di movimento per i viaggi o per le vacanze, che si potevano inserire al di fuori del periodo estivo, senza tener conto di impegni che non fossero quelli della propria volontà.

Quando fece il suo ingresso «ufficiale» per successione, ma anche secondo le regole dell'approvazione del consiglio di amministrazione, non avvertì l'emozione del potere. Si rese anzi conto che, se fino a quel momento ne godeva i risultati, adesso diventava suo impegno promuoverli, al posto del ruolo paterno che era stato caratterizzato proprio dalla passione e dall'impegno.

Aveva ora relazioni aziendali dirette con uomini di capacità tecniche elevate e li guardava con un inconsapevole desiderio di «delega» operativa, che era anche la modalità per non stravolgere quella che si poteva definire la sua «bella vita». Nelle riunioni decisionali si lasciava guidare più da intuizioni, da un modo di sentire, da un processo non certo razionale ma semmai magico.

Per lei, la visione dell'azienda era di una «zecca» che stampava denaro, si sentiva come su un palcoscenico che la vedeva prima nel ruolo di figlia del capo e, adesso, come primadonna. Certamente le piaceva questo *coup de théâtre* e avvertiva che la platea l'apprezzava o, quantomeno, ne riconosceva e ne rispettava la funzione. Certamente non fingeva, voleva essere se stessa, quello che era uscito dalla sua storia e che non voleva interrompere.

Finì per assumere la funzione di chi è «sopra» il potere, lo rappresentava senza esserne il motore, non avvertiva alcun interesse per i prodotti meccanici dell'azienda, collocati persino in ambiti internazionali.

In tal senso l'azienda non era diversa dal «palazzo» in cui viveva, il luogo delle feste, degli incontri con gli amici, in un'esistenza che aveva il privilegio di non doversi porre limiti economici e le permetteva di entrare negli altri palazzi della città.

L'identità tra azienda e palazzo la si notava dall'eleganza, che dominava sia da una parte sia dall'altra. Non c'era in fondo molta differenza tra le persone qualificate per il servizio domestico e i cosiddetti collaboratori che incontrava nell'ufficio. Talora li intratteneva sul viaggio appena concluso, sulle sfilate di moda a cui partecipava con vivo interesse e piacere.

Era indubbiamente ricca di gusto sia per l'eleganza sia per l'arte, ma certo nemmeno le grandi famiglie della Milano bene organizzavano concerti *live* con l'organico che aveva caratterizzato quelli di Mozart nel Settecento a palazzo Clerici con una quindicina di strumenti.

Forse era esagerato persino recarsi in vacanza a Porto Cervo con un aereo privato, mentre un autista le faceva trovare l'auto per le vacanze all'aeroporto, consegnandogliela al suo arrivo. Si stava delineando un comportamento di «eccesso», che non era giustificato dal ruolo di leader dell'azienda. Forse aveva bisogno di meccanismi compensatori, che riguardavano la percezione di sé, del proprio corpo, che sentiva inadeguato. E allora promuoveva veri exploit, per colpire e sorprendere chi già la conosceva, *in primis* i suoi parenti più stretti. Parlava spesso della sua collezione di orologi di lusso, sia per donna sia per uomo, e mostrava il piacere nell'indossare anche quelli dell'altro genere. Una voglia di eccesso e di originalità. Cominciava a frequentare persone particolarmente ricche ma, al contempo, un poco «perverse». E non era certo in attesa dell'occasione per un matrimonio, anzi le piaceva dire che voleva essere imprenditrice, non la moglie di un imprenditore.

Parlando delle sue avventure, si definiva bisex, appariva truccata stranamente con una ricerca e attenzione al corpo, non tanto come riflesso di un'identità precisa, ma per fare emergere un'originalità «aliena». Ancora una volta non faceva grandi differenze nel trucco e nell'abbigliamento per andare a una festa o, invece, per partecipare a un consiglio di amministrazione.

Aveva iniziato a parlare insistentemente di libertà legandola al denaro come se l'azienda avesse questa funzione esclusiva. Ed era come se la ricchezza venisse «distesa» attorno o sopra la femminilità, rendendo estranee le qualità della moderazione, del buon senso. Sembrava volersi distaccare da tutti, credendo così di risaltare, esibendo una falsa interpretazione del comando. Cercando di guadagnare in decoro, non si accorgeva che la ricchezza, ormai più esibita che reale, era facile da dissipare.

Se nelle storie precedenti ci siamo chiesti quale fosse l'«impronta» femminile nel lavoro da imprenditrice e come si diversificasse da quella maschile, in questo caso appare certo che la femminilità aveva preso un'immagine triste, falsa, da commedia.

E la tristezza sta proprio nell'epilogo. I primi segnali si mostrarono quando alcuni collaboratori, che esercitavano un'azione ancora più impegnata di quando alla guida era il padre, presentarono le dimissioni. E dopo poco giunsero quelle dei revisori. Seguì, a togliere qualsiasi dubbio al fatto che l'azienda era entrata in una profonda crisi gestionale, la convocazione delle banche, motivata dai debiti contratti.

L'imprenditrice aveva bruciato proprio quelle caratteristiche che esprimono la femminilità e che adesso si trasformavano in «malattia». Per la prima volta, avvertiva la solitudine, certamente dovuta alla perdita della stima di sé, ma anche all'abbandono di quel mondo inetto, che nulla ha a che fare con la straordinaria umanità di un insieme di piccole cose, di atteggiamenti che danno l'immagine, sempre un po' misteriosa, di ciò che è femminile.

I pensieri si ripetevano ossessivi e ritmavano un delirio di persecuzione, come se tutto quel mondo, che aveva voluto impressionare, fosse ora animato da nemici. Una mattina si presentò il primo «tentato suicidio», a cui ne seguirono altri.

La psicopatologia ha definito questi comportamenti come il tentativo estremo di richiamare l'attenzione su di sé, per chiedere inconsapevolmente aiuto. E si distinguono dai «mancati» suicidi, che invece esprimono la ferma volontà di morire anche se, per qualche imprevisto, una dose insufficiente di psicofarmaci o l'arrivo inatteso di qualcuno, proprio nel luogo scelto per morire, il gesto non è andato a «buon» fine.

Forse quell'imprenditrice esprimeva la voglia di vivere, dando però un significato diverso alla ricchezza, al denaro, e soprattutto considerando l'azienda una struttura umana. Non può essere un giocattolo che serve all'illusione di libertà di una persona (di genere maschile o femminile), impreparata al difficile ruolo di gestire un vero mondo che contempla l'esistenza di uomini, donne e di intere famiglie.

Cultura e ambiente economico

La linea che stiamo seguendo di fronte al tema dell'economia come attività per produrre ricchezza, con al centro dunque il denaro che ne rappresenta l'«anima», ricorrendo persino a delle storie vissute, scelte allo scopo di evitare una trattazione dottrinale che rende difficile rappresentare la dimensione psicologica, deve affrontare ora un altro aspetto: l'ambiente.

Ogni comportamento ha bisogno di uno spazio per agire, in quanto l'esistenza è fatta di movimento, e non è soltanto importante l'ambiente fisico ma anche quello umano.

L'economia è un'attività reale: occorrono le fabbriche, una ricca tecnologia fatta di macchine che servono a costruire i pezzi da assemblare, per ottenere ad esempio un'automobile o un paio di scarpe. Grande importanza hanno però le idee, i procedimenti, che pur implicando azioni si legano a operazioni a tavolino, che usano la mente, il mondo interiore. E ciò diventa particolarmente chiaro di fronte a un termine finora non usato: «finanza».

Non ne daremo definizioni da specialisti poiché ci manca la competenza, ma da studiosi del comportamento umano potremmo definirla una «economia virtuale», nel senso proprio di mancare di un apparato produttivo. È sufficiente un telefono, un agente finanziario, che non vende capannoni o macchine di produzione, ma suggerisce manovre che sembrano magiche e producono denaro.

Una fabbrica genera oggetti che, attraverso un processo industriale, costituiscono il riferimento di un valore tramutato in denaro. Nella finanza, sembra un paradosso, l'oggetto che produce denaro è il denaro. La finanza usa i termini di titoli, «azioni», o di share, nel linguaggio internazionale.

Le «azioni» sono traducibili in denaro, ma la loro capitalizzazione (che significa la quantità di denaro che rappresentano) è variabile e non si fonda sulle risorse dell'imprenditore, ma sul mercato azionario fatto di carta.

Non è questo l'inizio di un romanzo di fiction, ma indica appunto che non esiste nemmeno il nome di chi le possiede. A dimostrarlo, a un certo punto della storia della finanza, nascono le «società anonime», fondate su azioni non nominali, e ciò sottolinea che il personaggio della finanza non è un uomo, una famiglia, è l'azione che riporta a un luogo che potremmo definire il «tempio» del sistema finanziario: la Borsa, all'interno della quale lavora l'«operatore» di Borsa, un intermediario che si occupa dell'acquisto e della vendita di prodotti finanziari. Alle azioni occorre infatti aggiungere altri titoli come le «obbligazioni» e persino le valute: la sterlina, il dollaro, l'euro, il rublo... Svolgendo operazioni tra diverse valute, si ottengono profitti, riportando al paradosso del denaro che produce denaro.

Oltre all'agente di Borsa, vi è il consulente finanziario che studia i mercati finanziari internazionali, e offre pareri sui vantaggi e rischi legati a operazioni che possono consistere nel vendere i propri titoli e acquistarne di altra provenienza societaria, con la possibilità di rivenderli per riacquistare quelli venduti poco prima.

Con queste premesse, diventa logico pensare che entrino nel sistema anche le banche: il forziere storico del denaro. Ma come sempre nel descrivere un mondo particolare occorre soffermarsi più sui personaggi originali. Ed ecco il *dealer*, il signore della bacchetta magica che, seduto davanti al computer della Borsa, scopre contemporaneamente e silenziosamente chi vende un titolo, ma anche chi è disposto a comprarlo e subito a cederlo a un prezzo maggiore, e istantaneamente può godere della differenza tra acquisto e vendita, senza tenerlo nel proprio portafoglio. Ed ecco il portafoglio dei titoli, che è tutt'altro rispetto a chi possiede un contenitore di euro in carta o monete.

La finanza ha un proprio vocabolario di cui ormai fanno uso anche i mezzi di comunicazione di massa, acquistando così un significato per tutti, anche per i poveretti che possiedono solo qualche centesimo. Un vocabolario che, comunque, anche per gli uomini della finanza è pieno di fantasia e contiene parole chiave ma misteriose come nelle favole di Charles Perrault o dei fratelli Grimm.

È necessario, anche se brevemente, ricordarne tre.

PIL sta per Prodotto Interno Lordo, e per spiegarlo occorre possedere le capacità di un teologo che sa definire chi è Dio. L'espressione più chiara, meno ermetica che ho letto ma non ricordo dove (certamente non la Bibbia), è la seguente: «Grandezza macroeconomica che misura il valore aggregato, a prezzi di mercato, di tutti i beni e i servizi prodotti in un Paese in un dato periodo, che simboleggia il benessere di una collettività nel suo sviluppo. Ma è "lordo", una specificazione che sottolinea che è al "lordo" degli accertamenti del naturale deprezzamento, tenendo conto che parte del prodotto deve essere destinato al suo reintegro».

A questo punto, per certificare la straordinaria sintesi, bisogna dire che il termine è stato usato da Adam Smith nel suo trattato *Indagine sulla natura e le cause della ricchezza delle nazioni*, nel quale ne esemplifica ulteriormente il fondamentale significato nella nota formula: «La parte circolante è il foraggio e il capitale fisico è il bestiame».

Il secondo termine è *spread BTP Italia 10 anni Bund*, familiarmente ridotto a *spread* che, nella lingua inglese, significa «differenza, scarto, divario». Esprime la differenza di rendimento tra due titoli dello stesso tipo e durata, uno dei quali è considerato titolo di riferimento, il Bund tedesco.

Rimane misterioso il perché di questo confronto specifico, ma sembra che entri nel rispetto di un principio esoterico, quello dello *Yin e Yang*, che richiama il *Bene* e il *Male,* e dove l'Italia è il negativo perché produce debito pubblico, mentre la Germania è il bene, anche se rimanda al nazional-socialismo di Adolf Hitler.

Il terzo termine che, pur con un significato antico, ha assunto un particolare uso nella finanza è *default*. Tradotto nella nostra lingua, diventa letteralmente «difetto, inadempienza, mancanza» ed esprime la situazione in cui un soggetto privato o un'istituzione pubblica, come lo Stato (soggetto sovrano), non è in grado o non intende adempiere agli impegni obbligazionari.

Se è facilmente comprensibile per un privato il fallimento, più difficile è ritenere che fallisca una nazione o una federazione di Stati, com'è il caso degli Stati Uniti d'America o dell'Unione europea. Si devono aggiungere le banche, come è accaduto per la Lehmann Brothers che, nel 2008, ha presentato un buco di 600 miliardi di dollari. Una cifra considerevole, ma rimane incomprensibile come ne sia derivata una crisi finanziaria mondiale, con forti ripercussioni sui mercati, incluso quello del nostro Paese. Ciò dimostra come l'economia riporti a una «rete», nella quale un danno in una zona anche limitata si trasferisce a livello mondiale. A indicare i disastri della finanza si deve aggiungere che nel 2012 è andata in default la Grecia, con una voragine debitoria di 138 miliardi di dollari. Ancor prima, nel 1999-2002, l'Argentina andò in default per un miliardo di dollari, che doveva restituire alla Banca mondiale.

Il danno, oltre che misurato in denaro, incide sull'immagine, sulla credibilità di un Paese ed è pertanto comprensibile che, se l'Italia fallisse, gli operatori economici si sposterebbero sulla Francia o sulla Germania e che nessuno più acquisterebbe titoli dello Stato italiano preferendo quelli di altri Paesi.

Tutte le nazioni contraggono debiti, interni o esteri, allo scopo di poter disporre con l'emissione di titoli di una liquidità necessaria a migliorare i servizi, realizzare opere pubbliche e soprattutto pagare gli stipendi a tutti i dipendenti dello Stato che, per esempio, in Italia sono 3,2 milioni.

A complicare il significato di questo termine, è la versione di default «strategico», a indicare che lo si può dichiarare pur potendo pagare il debito contratto. Questa manovra forse serve a capire il mistero per cui l'Italia indebitata cronicamente fin dal 1861, dunque dalla costituzione del Regno, non è mai entrata in default, mentre la Germania, con i Bund diventati il riferimento ideale dell'economia, conta ben quattro default negli anni che vanno dal 1919 al 1948.

Del resto gli Stati Uniti d'America, esempio di un'economia forte, nel 2021 sono entrati in un default con interruzione del pagamento degli stipendi ai dipendenti pubblici, e ne sono usciti perché il Congresso ha votato l'aumento del limite del debito del governo federale.

Sembra di dover ammettere che esiste una economia di carta e una imprenditoriale e produttiva e che la seconda può venir condizionata e persino distrutta dalla prima, che richiama i casinò e la magia.

I pur brevi riferimenti strutturali alla parte finanziaria dell'economia appaiono espressivi per indicare la delicatezza, la fragilità del sistema economico, il cui habitat è sfuggente, con elementi che, anche se definibili, sono imprecisi e possono caricarsi di valenze contrapposte. Se si osservano le varie azioni di Borsa, ci si rende conto che è sufficiente una notizia negativa per veder crollare i titoli, riducendo enormemente la capitalizzazione e dunque il valore di una società per azioni. Analogamente una notizia che appaia buona, anche se falsa, incide su un gruppo azionario, innalzandone il valore e deprezzando, invece, altre società concorrenti.

A influenzare l'economia del denaro bastano anche notizie lontanissime dall'ambito proprio. Nella storia recente degli Stati Uniti, anche l'eros dei suoi presidenti ha acquisito un gigantesco significato finanziario.

È bastata la notizia di un rapporto sessuale tra il presidente democratico Bill Clinton e una stagista della Casa Bianca per creare un terremoto nell'economia mondiale, in quanto si apriva la possibilità di nuove elezioni dando ai repubblicani nuova forza per riprendere il governo del Paese.

Basta anche un'ipotetica malattia: era stata formulata la congettura che il presidente Joe Biden mostrasse segni di demenza senile, e pertanto che non potesse ripresentarsi nelle elezioni del 2024, facendo ventilare l'idea che Donald Trump avesse concreta possibilità di essere rieletto, per mettere a soqquadro l'economia americana ed europea.

Esempi che mostrano in quale misura ciò che accade nell'ambiente sociale, addirittura nelle stanze private di un presidente, abbia un effetto – che si può chiamare emotivo, sentimentale – che si traduce in variazioni della Borsa e modificazioni sullo *spread*. Ed ecco perché è impossibile parlare per la finanza di una scienza, lasciando aperte ipotesi che sia fondata su tradizioni mitologiche e forse esoteriche.

Per ritornare questa volta al nostro Paese: quando Mario Draghi che aveva diretto la Banca centrale europea (BCE) venne indicato dal presidente della Repubblica a occupare il ruolo di primo ministro per garantire la governabilità del Paese, pur non avendo ricevuto una elezione parlamentare, né ancora la ratifica di Camera e Senato, ciò portò a una diminuzione di decine di punti dello spread. E non era accaduto nulla, si trattava di un effetto economico solo alla notizia di una possibile ipotesi. Quando nel 2022 un partito volle interrompere una condizione di stabilità e di credibilità che l'Italia da molti anni non aveva, solo per dimostrare la sua importanza in un momento in cui non aveva più il sostegno del popolo, la notizia provocò una scossa negativa nello spread, con un immediato crollo del PIL. E sul piano economico l'effetto fu l'immediato crollo della Borsa con ingenti perdite di denaro, si parlò di centinaia di miliardi «bruciati».

Queste variazioni possono accadere anche per notizie assolutamente infondate, che si riflettono positivamente o negativamente su un'economia, nel significato (che abbiamo ripreso) di un organismo e una disciplina per produrre ricchezza.

Gli effetti che l'ambiente ha sulle reazioni della finanza e dell'economia nel rapporto tra uomo e denaro in questo particolare momento dell'antropologia appartengono alle espressioni affettive, non certo alla razionalità su cui si fondano le discipline scientifiche. E in particolare alle emozioni, che sono risposte date dall'uomo a eventi che non si aspettava, di piacere o al contrario di delusione, per risultati inattesi che in un caso hanno comportato un premio, in un altro una perdita.

Mettono in evidenza in particolare lo specifico legame tra uomo e denaro con un sentimento di perdita, quando si presenti la prospettiva di rimanerne senza. Si potrebbe parlare di una solitudine da denaro o, ancor più espressivo, è il termine «lutto» come se il denaro fosse l'«oggetto d'amore» che non è mai facilmente sostituibile.

I limiti di queste discipline (economia e finanza) dipendono dal non saper dare una logica spiegazione degli accadimenti e sembrano aver bisogno della psicologia, ma anche della psicopatologia: l'andamento della Borsa richiama il disturbo bipolare, che passa rapidamente dalla gioia al dolore, dalla maniacalità in cui il mondo appare colorato dalle banconote del dollaro, alla depressione in cui si intravede il vuoto e l'assenza persino di un centesimo. Un'alternanza tra una dimensione di grande ricchezze a quella di una disperata povertà.

Mi pare utile aggiungere qualche breve storia in cui il protagonista non è il comportamento in senso generale, ma quello di un uomo o di una donna, di fronte a eventi dell'ambito naturale o sociale. Per disegnare un nuovo capitolo che si potrebbe definire della finanza e dell'economia emotiva, letta nel contesto in cui si consuma la propria esistenza.

La prima storia segue un percorso che è comune a tutte le vicende che si intrecciano nel «desiderio di produrre ricchezza». Abbiamo già descritto alcune caratteristiche delle personalità che evidenziano una «pulsione» a fare denaro e che tendono all'innovazione. Un bisogno di cambiamento contrapposto a quanti, invece, sono conservatori, nel senso di accontentarsi della propria condizione che, anche se priva di brillantezza, permette di vivere. Temono quindi il nuovo.

I visionari «s'industriano»: un termine che esprime bene la via che oggi porta all'impresa, a un'organizzazione che prevede un luogo dove produrre insieme a dei lavoratori. È la fase iniziale, caratterizzata non solo dai frutti di ciò che individualmente uno riesce a produrre, ma dal fatto di intravedere la possibilità di utilizzare il lavoro di altri per aumentare la capacità del singolo e permettere, allo stesso tempo, occasioni di collaborazione. Il progetto, nell'economia reale, si accompagna al fare «oggetti» che trovano accoglienza nel mercato.

Fino a questo punto la «logica» è di fare utili da reinvestire nella piccola azienda, che si amplia via via. Un processo che porta a una fase organizzativa in cui, insieme all'imprenditore iniziale, si costituisce un gruppo operativo che è il fondamento dell'attività, non più riportabile alla dimensione del *self made man*. È il momento per passare dal singolo imprenditore a un'attività produttiva con il bisogno di condividere l'operatività.

Sovente la prima dimensione è quella familiare, oppure il legame con un socio, che porti un capitale e contribuisca alla gestione di questa nuova attività super individuale.

Sono possibili diversi tipi di società anche se tutte prevedono l'identificazione con un nome che ne esprime il contenuto e risponde al compito di coprire la debolezza del singolo. Un individuo è sempre caratterizzato dagli aspetti umani e quindi anche da forti limiti, e così si nasconde sottolineando soltanto l'aspetto industriale.

A questo punto della storia comune dell'imprenditoria, le società devono seguire delle regole, fondate soprattutto sul principio di responsabilità. Non possono ridursi a paraventi dietro i quali nascondere operazioni sia vantaggiose sia negative. Ma a dominare rimane una visione, il sogno dell'aumentarne il fatturato e il profitto per raggiungere la possibilità di entrare in Borsa. È questo un desiderio presente fin dall'inizio anche se inespresso, come fosse una tappa troppo lontana.

Per usare una metafora, riporta all'eros e richiama la conquista d'amore, in una strategia in cui con pazienza, impegno e resistenza si giunge finalmente all'amplesso che, anche in questo caso, equivale all'entrare in Borsa.

Si sarebbe portati a immaginare che la prima qualità dell'imprenditore dovrebbe essere quella di possedere la «fobia» debitoria. Non esiste invece società per azioni che non sia indebitata: vi è anzi una formula non scientifica, ma che sembra tale, in cui diventa parte strutturale dell'azienda proprio il debito. Valutato come un «coefficiente» di valore aziendale, il cui calcolo non è affidato ai matematici, ma agli uomini della Borsa, che è il tempio dionisiaco della finanza pubblica.

Per una società non quotata, il logo, che mette in secondo piano quello dell'imprenditore, tuttavia permette di identificarlo, con la collocazione in Borsa invece si perde completamente e nel migliore dei casi si parla di socio di maggioranza, ma prendono il dominio le azioni, i titoli, e il loro numero. Azioni che tutti possono acquistare, e così l'identità viene proiettata sul denaro.

Cambia anche la responsabilità, che viene frammentata sulla società formata da una quantità di individui virtuali, che acquistano una dimensione umana nell'assemblea, nella quale devono essere presenti *in corpore vili*, prendere la parola e comunque esprimersi, approvando o bocciando il consiglio.

Con l'entrata in Borsa dunque inizia la vita delle azioni, a cui si assegna un valore anche in denaro che, da quel momento, entra in un vero stato di agitazione causata dall'acquisto dei titoli della società oppure dalla loro vendita. Nel primo caso trasmette sanità e fiducia, nel secondo dà invece segnali di crisi esistenziale che vuol dire caduta del prezzo di ogni azione. E a quel punto bisogna liberarsene, per impedire di avere nel portafoglio titoli che si avvicinano a un valore pari a zero.

Si fa continua la sensazione che uno potrebbe avere tenendo un biglietto da 100 euro nel portafoglio, mentre è in corso una svalutazione (inflazione) del 20% che lo riduce al valore reale di 80 euro.

Già il prezzo iniziale deciso dalla Borsa non si fonda su un oggetto di confronto, ma su calcoli che richiamano non la scienza, bensì i giochi di prestigio.

Viene in mente una massima che in origine era stata applicata alla statistica, ma che si può estendere in modo ancora più appropriato alla finanza: un «sistema organizzato per sbagliare con fiducia». E sappiamo che tra fede e scienza, si pone una insanabile contrapposizione.

Ritorna l'associazione tra denaro e vita, del denaro come esistenza.

La visione che ne emerge immediatamente è che la dinamica della finanza, di cui la Borsa è il riferimento obbligato, riguardi solo quei ricchi che appartengono tutti a un mondo centrato sul denaro. Va però considerato che, se i pacchetti azionari di grande consistenza rimangono nei portafogli dei ricchi, esiste tuttavia una distribuzione ampia dell'azionariato con persone che posseggono pochi titoli.

La storia che ora passa dalla dimensione generale a quella singola riguarda un signore che era riuscito ad acquistare un'azione della Fiat. Si tratta, dunque, di un episodio di molti anni fa. Seguendo le disposizioni societarie che, anche in questo caso, sono regolate dal codice civile, aveva diritto di partecipare alle assemblee degli azionisti, che svolgono una funzione di controllo e teoricamente possono portare allo scioglimento del consiglio di amministrazione, quando si raggiunge una maggioranza che non approva il bilancio di esercizio e la governance in atto.

Gli azionisti, e anche quel signore, ricevono prima dell'assemblea tutti gli atti formali: la descrizione delle voci di bilancio e, in una seconda parte, il piano di previsione per l'esercizio successivo.

Chiunque ha diritto di intervenire in assemblea, criticando o suggerendo linee e comportamenti diversi da quelli presentati.

Si tratta sempre di una tappa formale, ma di grande importanza, poiché sottolinea il significato anche teorico dell'azionista. Il signore della storia, depositata come richiesto l'azione per partecipare, chiedeva sempre di venire posto nella lista di chi interveniva e indicava tre o quattro punti, sui quali non solo chiedeva profonde spiegazioni all'amministratore delegato, ma aggiungeva una critica a un comportamento deprecabile, che aveva causato un peso negativo di bilancio con un riflesso sul dividendo per azione fortemente penalizzante. Tutto lasciava prevedere che il clima dell'assemblea potesse infiammarsi. Regolarmente veniva invitato dalla direzione Fiat per delle precisazioni, in grado quantomeno di evidenziare l'insostenibilità di qualche punto, tra quelli indicati e che avrebbe sostenuto nella assemblea dei soci.

Era l'amministratore delegato a invitarlo per un confronto teso a diminuire quella serie di accuse, che apparivano infondate. Si cercava soprattutto di non dare adito ai resoconti che i giornalisti, ammessi all'assemblea, potevano diffondere.

Va considerato che questo signore dedicava molto tempo a seguire durante l'anno le vicende aziendali, firmava inoltre l'anticipazione degli interventi insieme a una commercialista, mostrando che non si trattava di un gioco, ma di un'opinione ben documentata. Lo scopo non era però di poter mettere in crisi il lavoro svolto dal consiglio, tendeva invece a ottenere dei vantaggi per sé e li otteneva facilmente.

È un caso che ho avuto modo di conoscere personalmente constatando che, in una di queste vertenze, il signore riuscì a ottenere un'auto Fiat di notevole cilindrata, entrata nella produzione dell'esercizio e del bilancio di quell'anno.

L'analisi di questo caso dovrebbe condurre in aree che sono parte della psicologia o della psicopatologia, ma mi pare una storia esplicativa per evidenziare l'importanza che può avere anche un azionariato minore e persino di chi possiede una sola azione.

Una storia che mi ha particolarmente interessato è quella di un uomo che viveva di ciò che riusciva a trarre dalla Borsa. Non aveva un lavoro, ma conosceva bene i meccanismi della finanza e «giocava» in Borsa. Il termine non è inadeguato se si pensa a chi «gioca» nell'ippodromo, puntando nelle diverse corse sul cavallo che ritiene possa risultare vincente, e a chi nelle sale del casinò punta alla roulette cifre che non sono certamente quelle del *privé* di Montecarlo o di Campione d'Italia.

La sua attività prevalente consisteva nell'acquisto di un numero piccolo di azioni, che notava in crescita da notizie di Borsa, ma anche da articoli della stampa su operazioni relative all'azienda su cui egli investiva. In realtà non versava denaro, perché oggi il lavoro di Borsa è legato al computer, e l'acquisto di azioni prevede un margine temporale per arrivare dall'impegno del pagamento alla solvibilità.

La sua strategia faceva perno sull'attesa che le azioni acquistate potessero salire durante le prime ore di attività della Borsa cosicché, constatato l'aumento, poteva venderle al prezzo raggiunto, che mostrava uno scarto positivo rispetto al momento dell'acquisto. Uno stringato spazio temporale, che gli consentiva di essere pagato per la vendita prima di fare il pagamento dovuto per il suo acquisto. Tutto ciò si svolgeva nel computer, senza che egli mai «toccasse» il titolo, ma alla fine della seduta della Borsa poteva ottenere un guadagno effettivo.

L'importanza del computer in Borsa è aumentata progressivamente. In un articolo apparso su «Il Sole 24 Ore» del 2 giugno 2019, a firma Vittorio Carlini e dal titolo

«Borsa, il robot sostituisce l'uomo, ai software il 53% delle decisioni», si legge: «Compravendite automatizzate, software che decidono se e quando operare, inviando loro stessi gli ordini. È il trading algoritmico, un fenomeno rilevante in Borsa... Nel 2018 i robot hanno gestito circa il 53% degli scambi delle azioni globali cash... In Italia, a detta degli esperti più di 1/3 degli scambi azionari è gestito da software».

Al *trader*, così si definisce il protagonista della storia, si aggiunge così l'*algotrader* e a promuovere questa attività dei computer non è solo la complessità dei mercati, ma la velocità dei flussi di notizie che influenzano le quotazioni, con la necessità quindi di adeguarsi all'alta velocità delle news.

L'articolo riportava inoltre: «è dimostrato che spesso gli investitori, nel momento di comprare o vendere, non riescono a massimizzare i benefici o minimizzare le perdite... L'algoritmo invece permette di eliminare l'irrazionalità dell'essere umano». Ma soprattutto, il robot non è disturbato dalle emozioni.

Se abitualmente la figura del giocatore è caratterizzata dall'amore per il rischio, fino a giungere a perdere tutto e persino i prestiti che talora fanno gli stessi agenti del casinò, nel nostro caso non interviene nemmeno la passione che il gioco richiede, perché chi «vive» di minime variazioni possiede capacità di autocontrollo, di resistenza a giornate che sembrano dominate dalla sfortuna, e non supera mai un certo tetto nelle cifre puntate. Esistono anche nelle sale della Borsa personaggi di questo tipo.

In un incontro che, tanti anni fa, ho avuto con l'allora presidente del Consiglio, nel suo ufficio a Palazzo Chigi, entrando venni colpito dal numero di computer accesi sull'ampia scrivania: ben due trasmettevano continuamente informazioni sulle società quotate in Borsa, con i valori indicati nelle sedi internazionali considerate di riferimento. Si trattava di indicazioni di modifiche del mercato azionario a seguito di eventi che giungevano alla presidenza del Consiglio in via del tutto riservata, allo scopo di rendere note le variazioni e i comportamenti che potevano attivarsi in seguito alla crisi di alcuni titoli azionari italiani, valutati anche nelle Borse internazionali.

Mi aveva fatto notare alcuni dati in rosso, che mettevano in evidenza variazioni di valore previste a breve, del 15% di quanto era indicato in quel momento.

Si trattava di dati in continuo movimento, e ciò significava che il valore della singola azione variava incessantemente sia pure in proporzioni di piccola entità. Ma si evidenziavano «disturbi« di valore tali da poter causare riflessi non solo in Borsa, ma sul comportamento degli istituti di credito, delle forze sindacali, che potevano leggervi rischi per l'occupazione.

Lo stesso premier mi aveva fatto notare come quei dati, se fossero stati resi noti, avrebbero scatenato burrasche di Borsa in quanto avrebbero spinto all'immediata vendita di azioni, che nei giorni successivi avrebbero potuto perdere alte percentuali della loro quotazione. Mi passò nella mente rapido un pensiero: se invece del presidente del Consiglio, si fosse trattato di un uomo di affari, gli sarebbe stato possibile inserirsi in un gioco ad altissimo profitto.

Questo episodio depositato della mia memoria serve a una considerazione che è insieme giusta e drammatica: non è possibile che esista un'economia legata al denaro, influenzata dalle variabili più strane e impensate, senza che venga stabilito il principio fondamentale che questa economia-finanza sia regolata dall'«etica».

Economia e umanesimo

Il dramma, e nello stesso tempo la consapevolezza, è che di fronte al denaro ogni etica umana è stata dimenticata.

E così ritorna la parola «etica».

Nella cultura occidentale rappresenta un jolly che assume la capacità di risolvere ogni vertenza, apportando i suoi principi. Una sorta di toccasana, capace di trasformare persino il male. Ed è proprio qui l'errore. Sarebbe assurdo affermare che la criminalità, che è un comportamento di violenza dell'uomo sull'uomo, si possa rendere etica. La criminalità è strutturalmente inaccettabile e la violenza estrema, che provoca la morte, si contrappone alle regole della morale comune.

Il «male» è la negazione, la contrapposizione del «bene» ed è semmai a quest'ultimo termine che si può ascrivere la possibilità di compierlo, in modo che ne risalti ancor meglio il senso positivo. Salvare la vita è un'azione che appartiene al bene, il tema che si può affrontare è se di fronte a una scelta tra salvare un bambino o un ottuagenario, in una situazione in cui non sia possibile salvarli entrambi, sia etico agire per la vita dell'uno o dell'altro.

Un tema che ritroviamo nel caso del parto, in cui esiste l'eventualità di dover compiere tale drammatica scelta, salvare il bambino o la madre.

Il male non richiama la dimensione etica, poiché il comportamento in sé ne è totalmente contrario. I suoi principi non entrano in ogni azione umana, in ogni scelta, tanto da poter affermare che vi sono comportamenti «estranei» a questa dimensione.

Non è dunque l'etica una sorta di modificazione del significato, ma è qualcosa d'intrinseco, diventa il contenuto stesso dell'azione. Persino l'intenzione di compiere un gesto positivo di aiuto non trasforma un comportamento che, in sé, sia immorale. È il caso per esempio di chi uccide per evitare che una persona venga uccisa. È immorale ritenere di poter correre in auto a una velocità di possibile danno, con la motivazione di tornare a casa per aiutare un familiare o per spegnere un fuoco che il vicino di casa ha segnalato. Lo può fare un'autoambulanza che con la sirena avvisa del diritto alla precedenza rispetto agli altri veicoli, il suo richiamo permette ad esempio di ridurre la velocità o fermarsi a lato della strada, per farla passare.

Dopo tali richiami, è possibile chiedersi se la morale sia compatibile con comportamenti guidati dal dominio del denaro.

Non vi è dubbio che, se un'economia della ricchezza induce necessariamente l'aumento della povertà, non è sufficiente giustificarla dicendo che promuove risultati vantaggiosi per i ricchi. Se si limitasse al vantaggio di alcuni senza il danno ad altri, non si potrebbe affermare che si tratta di una logica morale. Non serve nemmeno riferirsi al dato che la ricchezza è presente in tutte le nazioni del mondo, come se la morale dovesse avere una validazione statistica. Il principio è che, in ciascun luogo dove la ricchezza è resa possibile, si constata che comporta un aumento della povertà.

Sulla base di queste considerazioni è nata l'idea di una ricchezza equamente distribuita, ma ciò esprimerebbe una contraddizione dello stesso processo, per cui la ricchezza deve ammettere un diverso trattamento tra la partecipazione aziendale e i vari tipi di lavoro necessari.

Una ricchezza distribuita non è più ricchezza. È un'utopia pensare che un'azienda di grande fatturato, oltre a distribuire i profitti agli azionisti, debba inviare periodicamente supporti, per mantenere il principio della «ricchezza distribuita» a tutti coloro che non ne fanno parte. Si dovrebbe aggiungere che anche gli azionisti dovrebbero avere compensi «diversificati», sul principio dell'appartenenza o meno allo status di ricco.

La ricchezza non è distributiva e incorpora il principio che la povertà semmai è una colpa.

Il problema è piuttosto chiedersi se sia possibile una società ricca, senza che milioni di bambini nel mondo muoiano di fame; se sia possibile che la ricchezza, coniugata con il potere, impedisca le guerre di dominio che non solo promuovono la povertà, ma richiedono persino la morte di giovani soldati obbligati a dare la vita perché il potente si arricchisca di territori che ancora non gli appartengono. La questione, in Italia, è che esistono dei «super ricchi» e sette milioni di persone che lottano per la sopravvivenza.

Non si può certo pensare al «rimedio» dell'elemosina del ricco che «dona le briciole» al povero. L'elemosina è un gesto volgare, che dà un'apparenza di bontà a chi ha costruito ricchezza promuovendo la povertà.

La ricchezza strutturalmente genera differenze e non si può attribuirle il compito di sanare divisioni economiche.

Credo pertanto che il grande errore delle società del tempo presente sia sostenere un'economia della ricchezza, in quanto la ricchezza in sé come «struttura» progettuale e organizzativa è intrinsecamente contro i «principi dell'umanesimo», termine che forse dovrebbe sostituire quello di etica, consumato e mascherato. I principi dell'umanesimo non sono molti e indicano quale sia la maniera perché una comunità, una società umana, possa vivere in pace prima, in serenità poi.

L'umanesimo giustamente viene fatto nascere con le civiltà, che indicano dei percorsi da seguire per passare da uno stile di vita barbaro e violento a uno in cui domini invece la fiducia dell'uno nell'altro e non l'odio. Non è necessario per questo scopo che tutti abbiano lo stesso salario e lo stesso frammento di proprietà, come viene sostenuto dall'utopia marxista, ma è necessario che le differenze esistenziali non si traducano in gerarchie di potere, per cui chi ha più denaro di fatto schiaccia chi ne ha meno. E per esercitare il potere non serve usare la spada contro chi ne è privo, basta ignorarlo come se l'altro non ci fosse, perché l'essere ignorati equivale non solo a subire violenza, ma a dover sopportare il potere più spietato. E la ricchezza è la maschera del potere.

Il termine «valore» nell'umanesimo va declinato in diversi modi, in espressioni in cui entrino il sapere, la gentilezza, il rispetto, che è il fondamento in cui non si escludono le differenze ma le si comprende. E non come un gesto magnanimo di elemosina, ma nella convinzione che si vive in una «rete», nella quale ciascun uomo rappresenta un «nodo» il cui comportamento si estende su tutti, indipendentemente dalla quantità di denaro che deve rimanere come strumento di comunicazione e coesistenza sociale. Non come un fine e misura di valore esistenziale, il potere non può mai sopraffare e violentare chi, il denaro, non ce l'ha.

Per questo e solo per questo, occorre una democrazia in cui a tutti i componenti spetta delegare il potere. E un delegato non può, per questo fatto, ritenersi potente. Non è certo democrazia un sistema in cui il *demos* abbia possibilità di scegliere solo chi già è parte del potere. Eleggere i potenti non è democrazia, ma un sistema oligarchico che strumentalizza, facendo credere di scegliere.

L'economia della ricchezza si trova sulla stessa strada delle oligarchie di potere e delle dittature, con nomi diversi ma tutte dittature del denaro. Occorre che l'economia del denaro venga riconosciuta come il più grande imbroglio della civiltà, occidentale e anche orientale.

Serve una «nuova economia», che ponga come metro dell'esistenza il senso della vita, le condizioni di un «animale» umano che, a differenza di tutti gli altri, ha la consapevolezza di essere e serve un'etica che permetta di stare su questa Terra in pace e in serenità: due qualità che nulla o poco hanno a che fare con l'accumulo di denaro. Solo in questo modo, non immaginando aggiustamenti a questa economia che dà la ricchezza-potere agli uomini malati di egocentrismo e di paranoia, si potrà guarire dalla malattia sociale e individuale del denaro.

II.
L'economia del bene

Il risparmio esistenziale

Nel dedicarci ora, dopo la *pars destruens*, alla prospettiva di una nuova economia per la dimensione del singolo e delle società, occorre riconoscere prima di tutto l'importanza di questa disciplina, che pertanto giustifica la ricerca di un'alternativa a quella che, nella nostra analisi, risulta non rispondere ai bisogni dell'uomo e ai principi dell'umanesimo.

La *pars construens* esprime il tentativo di delineare un'economia che guardi al comportamento umano rispondendo ai bisogni dell'esistenza e che, pur con forti variabili, si attenga ai principi propri della nostra specie.

Partendo ancora dal suo significato etimologico di «economia», intesa come amministrazione della casa e ancor più dell'intera società, in cui l'uomo si trova a vivere. E dove, dunque, vengono certamente inclusi i bisogni sia del corpo sia della mente e quelli del funzionamento dell'intera società. È proprio per questi riferimenti che l'economia diventa una disciplina che non si distacca molto dalle dinamiche e dalle motivazioni all'agire, proprie della sfera che guarda all'uomo nella sua interezza e all'ambiente entro cui opera. E per darvi un significato pratico, mi sembra utile considerare un termine che solitamente si ritiene proprio dell'economia: il «risparmio».

Viene generalmente inteso come un limitare il consumo del denaro che si possiede oggi, per poterne avere la disponibilità nel tempo futuro, quando può diventare più difficile guadagnarlo o si possono incontrare impreviste difficoltà.

Un concetto certamente positivo, potremmo definirlo prudente. Occorre soltanto riferirlo all'uomo (e non solo al denaro) e alle sue capacità che sono parte del nostro corpo e della nostra mente.

Un «risparmio energetico» dell'uomo, che equivale a non esagerare nello sfruttamento delle risorse somatiche e psichiche, di cui l'uomo è dotato, che implica il rispetto delle relazioni che stabilisce con gli altri, in cui si deve evitare l'eccesso e averne «risparmio».

Un comportamento da legare a «equilibrio», che rimanda sempre all'unità dell'uomo, anche se l'anatomia e la fisiologia ne descrivono parti e funzioni che vengono separate l'una dall'altra. L'equilibrio riporta all'uomo «tutto intero» che emerge tuttavia dalle diverse parti, organi e funzioni mentali, in un proprio e specifico ruolo di insieme.

L'equilibrio riguarda non solo l'io ma il noi che, nell'ambito di una famiglia, definisce un'economia data dall'insieme di tutti i componenti. E via via si giunge a quello di una classe scolastica, di un'impresa, il cui funzionamento dipende da tutti coloro che ne fanno parte. Richiama la già citata metafora dell'orchestra, un'unità fatta di tanti strumenti dove i fiati, le percussioni, i violini devono armonizzarsi. Può essere che uno intervenga in maniera minore rispetto a un altro, ma se in quel preciso passaggio armonico mancasse, la suonata risulterebbe stonata e non risponderebbe alla partitura della composizione.

Già da questa considerazione emerge che l'economia ha come pronome principale il «noi», non l'«io». Caratterizza l'esistenza, esprime il movimento, l'azione, nel significato di «essere» o meglio ancora dell'«esser-ci», nel senso dei fenomenologi: un essere che ha bisogno di situarsi in un luogo e in un preciso momento.

Se il termine «vita» richiama alla individualità e alle funzioni che la esprimono, il termine «esistenza» vi aggiunge il fare. Diventa così persino difficile separare un essere dall'ambiente in cui diventa attivo ed esiste, in quanto agisce. È questa la differenza che risulta particolarmente ricca nell'animale umano, che include la tendenza psichica a stabilire relazioni. L'economia va vista come un regolamento per gestire l'insieme, costituito da più individui in un ambiente. E per farlo, c'è bisogno di strumenti che sono parte della grande storia della scienza e della tecnologia. Vi trova posto anche il denaro che, come abbiamo avuto modo di ricordare, nasce in un periodo preciso della storia e all'interno di una specifica funzione, quella di facilitare gli scambi, da sempre orientati a migliorare il modo di vivere.

Il bene e il male

Ci è parso che la maniera migliore per esprimere un'economia veramente umana si dovesse definire come «economia del bene». Una differenza abissale rispetto a quella che domina e che vorremmo venisse sostituita, si presenta già dal significato delle parole.

Non credo sia necessario dedicare molto spazio al termine «bene», a partire dalla contrapposizione con «male»: un tema che ha occupato la filosofia, ma anche la letteratura. Fa parte dei dualismi, delle antitesi, insieme a buono o cattivo, giusto o ingiusto, sano o malato... «Bene» sembra incorporare, implicare anche buono, giusto, sacro, conservando così una dimensione generale più vasta che meglio esprime lo scopo, il senso dell'esistenza.

È indubbiamente un desiderio che va guidato poiché dentro l'uomo, il singolo uomo, ci sono sempre «male» e «bene». Proprio questa sovrapposizione di opposti attribuisce alla specie umana la necessità di un'economia esistenziale. E mi piace chiamarla anche «economia delle relazioni».

Una constatazione che impedisce di perdersi in teorie astratte, per entrare invece in un rilievo che rende evidente come questi due termini, bene e male, siano incarnati dentro l'uomo e dentro una civiltà, in tutte le civiltà che si sono finora manifestate.

Nel racconto biblico, che è il riferimento di una civiltà a cui si lega anche quella dell'Occidente, la storia incomincia con un omicidio. C'è chi uccide, anche se l'umanesimo non ammette questo comportamento. Si avverte odio verso gli stranieri, ma non è ammesso all'uomo ammazzare un altro uomo. Per questo è necessario un controllo dei comportamenti, un principio organizzativo.

Non bisogna smarrirsi dentro le immagini di un uomo buono, e nemmeno perdersi nell'idea di un uomo che sia soltanto malvagio. Ad Auschwitz, Josef Mengele, ammazzava i bambini ebrei e con la loro cute confezionava delle bambole, che portava alle proprie figlie, per esprimere il suo bisogno d'amore. Donato Bilancia è passato alla storia come il più efferato criminale italiano del Novecento, poiché ha ammazzato in sei mesi diciassette persone, senza che nessuna di loro avesse espresso azioni contro di lui, eppure aveva una particolare sensibilità e affetto per i bambini. Lo identificarono e lo portarono in carcere perché, mentre stava per uccidere una prostituta, quella donna estrasse dalla borsa la fotografia di un bambino e gliela mostrò, dicendo «non uccidermi perché questo figlio, senza di me, morirà anch'egli». Malvagità ed espressioni di amore.

Forse nessuno ha raccontato questa sovrapposizione di bene e male nell'uomo meglio di Robert Louis Stevenson nel suo *Lo strano caso del dottor Jekyll e del signor Hyde*, e il poeta latino Catullo che intitolò un suo carme *Odi et amo*.

Vladimir Putin, il più grande e malvagio dittatore del tempo presente, è devoto a san Nicola. Le cronache riportano che volle venire in Italia per recarsi a Bari sulla tomba del santo, che è il protettore della Chiesa ortodossa. Giunto davanti a quel sepolcro, si buttò per terra e, prostrato, pregò e pianse.

Nella Chiesa cattolica sono particolarmente venerati i santi che hanno saputo dominare la pulsione al male e hanno pagato per i peccati commessi con una vita che, in seguito, è stata al servizio degli altri. È sufficiente citare Paolo di Tarso, Agostino, frate Francesco di Assisi.

È inutile discutere dell'origine del bene e del male, voler distinguere i buoni dai cattivi, creare la categoria dei giusti e quella degli ingiusti. L'uomo è capace di fare il bene in maniera straordinaria, ma allo stesso tempo può compiere le azioni più malvagie.

Il senso dell'uomo e il compito delle società è di promuovere il bene e ostacolare il male nelle azioni umane. Ecco perché il tema dominante deve portare a capire in ogni momento della storia quali siano le condizioni che promuovono il bene per attivarle e quelle che portano al male, per neutralizzarle o contenerle.

Non esistono metamorfosi né servono le utopie in cui è possibile fingere che gli uomini si siano tutti trasformati in buoni e il male non esista più. Si finge di dimenticare che sarebbe impossibile descrivere il bene, se nell'ombra non vi fosse il male.

L'esistenza è una straordinaria avventura, che deve tendere a promuovere in tutti gli uomini il bene e, operando con questo fine, fare il possibile per evitare il male. Un binomio che è dentro la carne dell'uomo, ed è per questo che devono esistere principi, desideri, per regolare questo strano «animale umano» fatto anche di male.

L'espressione «economia del bene» vuole indicare una disciplina che insegni a guidare una casa e una società, promuovendo il bene, attenti sempre alla possibilità e al rischio del male.

In questa prospettiva, risulta chiarissimo che un'«economia del denaro» persegue lo scopo contrapposto.

Il bene e il male rappresentano due *disposizioni* del comportamento, presenti in ciascun uomo. Si può aggiungere che il bene è anche un desiderio che gratifica, mentre il male è una risposta inadeguata, indirizzata contro qualcuno e lascia dietro di sé paura, in quanto ha inevitabilmente generato un nemico.

In questo processo, fare il male è un atto difensivo: far paura, avendo paura. Ne deriva che dal bene nasce bene, dal male si genera male.

È necessario avere la consapevolezza della possibilità di fare il bene e di compiere il male, tanto che la soddisfazione del bene deriva dalla percezione che, invece, si poteva fare il male. Il bene e il male presuppongono l'altro.

Sono dunque espressioni di una relazione interpersonale e in modo più vasto delle dinamiche sociali. La coscienza di fare il male è parte della organizzazione sociale ed è infatti regolata dalle leggi: leggi che vanno distinte dai «principi», intesi come espressioni «strutturali» delle caratteristiche biologiche e proprie della condizione umana.

Socialmente possono essere considerati «male» comportamenti che in una società diversa sarebbero ammessi.

La dimensione del male viene fatta risaltare ancor più dalle leggi religiose che, nella tradizione giudaico-cristiana, vengono riportate a quelle date a Mosè, in cui è considerato male, ad esempio, il «desiderare la donna d'altri». Per molto tempo nel cristianesimo si è imposto di non mangiare carne il venerdì. Esempi che sono a sostegno del contesto sociale, entro cui viene strutturata una coscienza.

Si è molto discusso il tema del male in natura, facendo riferimento alle eruzioni vulcaniche, ai terremoti, alle condizioni climatiche, che alcune volte generano siccità e altre inondazioni. Credo sia una visione eccessivamente antropologica, che prevede l'uomo come il riferimento del bene e del male. La natura non esprime il male, ha semplicemente delle leggi fisiche che sono legate a una serie di variabili, che possono generare fenomeni che l'uomo interpreta contro di sé.

La visione antropocentrica è parte dell'interpretazione umana, non del male di natura. Nella Bibbia Jahvè ha generato persino il diluvio universale per punire l'uomo: si salvano solo Noè, la sua famiglia e alcuni viventi non umani che, saliti sull'arca, permettono la continuazione della storia del mondo. Nella Grecia antica, Giove ha come potere quello di regolare le piogge: Giove pluvio. Analogamente il fuoco, che è una variabile dei fenomeni naturali, era legato al potere di Vulcano.

Spesso il cosiddetto male in natura è legato in realtà a insediamenti umani che si sono fatti in luoghi dove sono frequenti condizioni che generano venti capaci di distruggere un villaggio. La natura non è né buona né cattiva, è semplicemente parte di un oggetto, variabile, sia come pianeta in un sistema galattico, sia per fenomeni interni legati alla sua struttura.

Se, come è previsto tra due miliardi di anni, il Sole si spegnerà e la Terra non sarà più riscaldata e illuminata, riducendosi a un pianeta disabitato, non si potrà accusarlo di aver prodotto il male.

Il male e il bene sono espressioni legate alla condizione umana e al livello di socialità a cui è giunto l'uomo.

Anche l'osservazione delle specie viventi non umane, in particolare dei primati, non rende mai evidenti segni che permettono di applicare le categorie di bene e di male. La guida al loro comportamento è regolata da istinti e da pulsioni, rispetto a cui non vi è né consapevolezza né scelta. Una delle osservazioni che mi hanno colpito particolarmente riguarda il fatto che, se in un branco uno dei suoi componenti ha subito una frattura agli arti, viene abbandonato. Analogamente in uno stormo, se un uccello non riesce a prendere il volo, non cambia nulla e gli altri proseguono un viaggio che, come è noto, può percorrere migliaia di chilometri.

Ricordo un episodio di molti anni fa quando mi trovavo in Mauritania, un Paese subsahariano, dove vivono popolazioni ancora nomadi. Avevo incontrato due suore missionarie che gestivano anche un centro sanitario; una mattina andammo a visitare un accampamento nomade e in una tenda vi era, abbandonato, un bambino che non riusciva a reggersi in piedi e a camminare per una frattura alla gamba destra. Certamente nella popolazione che si spostava non vi era la consapevolezza di fare il male che avevano invece le suore, tanto da averlo portato nel loro centro per una cura a cui io stesso collaborai.

Non è possibile dire che nella specie umana vi sia «piantato» un criterio per distinguere il bene e il male a differenza delle altre specie viventi.

La coscienza è, infatti, il prodotto dell'evoluzione e della civilizzazione legate in gran parte a leggi, orali o scritte, che esprimono una nuova visione del comportamento umano e delle relazioni.

Non si tratta, perlopiù, di prodotti del pensiero, ma di condizioni di vita differenti. Con la nascita dell'agricoltura che comporta la stanzialità dei villaggi, quel bambino non sarebbe stato abbandonato e avrebbe potuto sopravvivere.

È indubbio che nelle civiltà, caratterizzate per la definizione di regole su ciò che è male e ciò che è bene, si è modificata la percezione del come comportarsi, tendendo così a uniformare, per legge e non più per istinto, la vita di una comunità. E la guida a regolare il comportamento è sempre stata la punizione per chi non ottemperava alle regole (leggi).

Del resto, se si guarda a quali siano state nella storia le proibizioni, ci si accorge della loro enorme variabilità nel tempo. Basterebbe dedicarsi all'osservazione delle regole che si sono via via imposte per i comportamenti della sessualità e volgersi allo specifico tema dell'omosessualità: fino a pochi decenni fa, in molti Paesi era sanzionata con la pena di morte; oggi, finalmente, in gran parte del mondo è considerata una caratteristica della personalità. Sempre in tema di variazioni, esistono ancora nazioni in cui si cerca di riportarla come esempio del male, evocando persino il demonio.

A significare comunque che la separazione tra bene e male sia un tema ancora discusso, basta rilevare quanto siano contraddittorie le diverse etiche che vengono applicate in luoghi differenti.

L'etica, come abbiamo già sostenuto, si può definire come la disciplina che regola i comportamenti umani, talora all'interno delle organizzazioni sociali, talora nella visione soprannaturale rivolta a una vita *post mortem*. Mi sembra possibile affermare ora che nell'*Homo sapiens sapiens* si è raggiunta una consapevolezza, nel senso che il comportamento umano è visto come una *disposizione-a* percepire gli opposti, intesi l'uno come bene e l'altro come male.

Le considerazioni su questo complesso tema, pur rendendo sul piano teorico l'impossibilità di una sistemazione assoluta, trovano il proprio valore all'interno di ciascuna società. E permettono di attribuire un preciso significato al bene e al male, che giustifica pienamente l'espressione «economia del bene».

Avere consapevolezza della differenza tra bene e male non significa sostenere automaticamente la libertà di seguire l'uno e non l'altro, né che il comportamento sia un'espressione dipendente dalla scelta e dalla volontà, secondo la convinzione dell'Ottocento.

La scelta è condizionata dagli stati d'animo, dalle emozioni e dai legami affettivi, e persino dalle esperienze passate, che sono diventate memoria e che condizionano la scelta attuale, e vi si aggiunge persino un'istanza inconscia (inconsapevole, estranea alla coscienza), che può spingere a un comportamento opposto a quello che si porrà in atto. Un'occasione per rilevare che una personalità non è riducibile a razionalità, ma ne fanno parte i sentimenti e il «sentire» non è logico.

I «valori» umani

Ma entriamo subito nella dimensione propria dell'economia che riguarda il «valore», per mostrare come questo termine vada declinato non solo sul denaro, ma su dimensioni che nell'insieme devono configurare l'umano.

Passiamo ora a indicarle, con la convinzione che il valore nell'uomo sia meglio rappresentato da «misure» che sono anche il fondamento affinché un'economia contribuisca alla pace delle società, delle nazioni, e alla serenità del singolo uomo. L'economia deve occuparsi del comportamento umano, in quella precisa espressione che riguarda il bene della «casa comune».

Guardando alla definizione di «valore», si nota che ha come sinonimo «valere» ed è dato dall'insieme delle qualità intellettuali e comportamentali di una persona e dal suo livello professionale. Valore sta per prezzo, ma anche per coraggio.

Persino il «divertimento» ha un valore in quanto serve a creare una sorta di bilancio tra frustrazioni e gratificazioni, dal cui equilibrio emerge la serenità o al contrario la fatica fisica e mentale.

Non parliamo di espressioni filosofiche, ma di dati che si riferiscono alla psicosomatica, in cui si è osservato che la stanchezza, come fatica mentale e insoddisfazione, modifica il metabolismo del cervello, accumulando nei suoi neuroni un eccesso di glutammato che, nel riposo, viene invece eliminato. Quanto più il lavoro è divertimento, tantomeno viene avvertita stanchezza e viene espressa maggiore capacità, come parte del valore professionale umano.

I valori sono gli stessi per i poveri e per i ricchi, per i Paesi che si distinguono per l'eccesso di ricchezza o invece per quello della povertà. E occorre ammettere che le due condizioni non sono staccate e senza alcuna relazione, pur sostenendo che tra gli uomini vi sono differenze opposte di merito e di personalità.

Un criminale in carcere costa 500 euro al giorno, un ergastolano dunque 180.000 euro l'anno, per la durata dell'intera sua esistenza. E la spesa grava sullo Stato e sulle tasse, che aumenteranno a causa di un uomo povero, che ha agito contro la legge. Se poi il povero è stato colpito da un virus che ha contratto da un animale e ora lo trasmette ad altri uomini provocando una pandemia, con la sua povertà mette a soqquadro l'economia mondiale. Abbiamo già ricordato che gli «esodi» del tempo presente non hanno alcuna possibilità di separare i bisogni delle popolazioni europee da quelli dei continenti colpiti dalla guerra e dalla fame. Vi è la certezza che, se non verranno accolti, comunque ritorneranno e una volta sbarcati in forma clandestina, graveranno sull'economia di un Paese.

Il valore, come caratteristica umana, non ammette dunque distinzioni. Risulta dalle componenti biologiche della specie umana, da quelle psichiche che l'evoluzione ha legato al cervello, che mostrano identiche potenzialità, indipendenti dal luogo in cui si vive e dalla fatica che s'impone per esistere. Un'osservazione che pone in particolare risalto il fatto che le diversità sono, soprattutto, legate alle «opportunità» ambientali e sociali.

Passando a parlare del valore dell'auspicata «economia del bene», partiamo con l'indicare proprio l'uso del denaro, inteso – lo ripetiamo – come strumento e mezzo per facilitare gli scambi che, con termini più adeguati, equivalgono all'acquisto dei prodotti naturali e industriali.

Vengono distinti in beni essenziali per la sopravvivenza e in beni supplementari, che talora diventano necessari per alcune attività professionali o per occupazioni del cosiddetto tempo libero, che andrebbe meglio definito come tempo di riposo e di svago.

Vivendo in città, un grande valore ha il poter muoversi per strada, senza paura di essere aggrediti, derubati e maltrattati. Nel caso della donna, un grande valore ha il sentire di non essere ridotta a preda, unicamente per le caratteristiche anatomiche del corpo femminile.

Un valore economico è poter compiere qualche piccolo errore senza sentirsi immediatamente offesi e giudicati. Ed è una condizione particolarmente evidente per chi guida l'automobile, causando un rallentamento del traffico semplicemente perché, alla guida del veicolo, sta rispettando i limiti di velocità indicati dalla segnaletica stradale. È questo uno dei tanti episodi di violenza verbale ma talora fisica, che si lega solo alla fretta e non alla necessità di compiere un'azione per impedire tempestivamente un danno. Corrisponde a una «pulsione» falsamente sostenuta dall'idea che un uomo impegnato debba sempre correre. Sarebbe invece più opportuno camminare, pensando più attentamente al senso delle azioni che si stanno svolgendo.

La fretta psicomotoria causa lo stress anche in chi viene

spinto e offeso. Lo stress si trasforma così in disturbo somatico o psicologico, con un costo sul piano economico.

Un grande valore per l'economia relazionale è dare fiducia a chi s'incontra fino a prova contraria, sostituendo la regola dominante secondo cui quella persona è un nemico anche se non è possibile dimostrarlo, perché si fa di tutto per evitarlo.

Come risulta evidente, sono piccoli e semplici valori che influenzano fortemente i bilanci delle città e degli Stati.

Se si tiene in considerazione che il 14% della popolazione è depresso e che il 30% è affetto da ansia diretta o convertita in disturbi psicosomatici, ci si rende conto che una vita guidata dall'economia del denaro contribuisce a promuovere una condizione esistenziale malata. E oltre a far vivere con maggiori difficoltà, necessita di cure che vengono ricercate in molecole che incidono sul funzionamento del cervello, mentre non esisterebbe in un sistema economico che cerchi di far sì che cittadini e lavoratori avvertano di essere gratificati, anche in termini dei valori umani. Si potrebbe riassumere nel bisogno di comunicare, di capire, di essere accettati e per l'imperfezione propria dell'uomo, perdonati. Comunicare non vuol dire proiettarsi su un video e ascoltare, corrisponde invece al potersi esprimere e condividere, sia pure a gradi diversi, il proprio stare al mondo, ascoltando e raccontando.

Il «perdono», a differenza del giudicare che comporta la voglia di punire e di condannare, esprime una tolleranza che non solo è bene accolta dall'altro, ma riflette un senso di soddisfazione a chi lo concede.

Un valore straordinario per un'economia dell'esistenza è non sprecare il pane, ma darlo all'altro. Forse è ancora più significativo quell'antico gesto in cui una comunità si riconosceva dallo spezzare e distribuire il pane. Un simbolo non solo alimentare, ma di aggregazione, che rende più facile la vita in comune. Dividere il pane, non promuovere la «guerra del pane» che riporta agli episodi della rivoluzione in Francia, ma anche a tempi più vicini in cui, a causa della guerra, in un grande Paese produttore vi è stato il rischio di una distruzione dei raccolti di grano, con la possibilità concreta di non poterlo mettere nemmeno sulla tavola dei ricchi. Forse il più grande principio dell'economia del «noi» è dato dalla differenza che esiste tra l'«inutile» per te e il «necessario» per l'altro.

Le nuove sezioni dell'economia

L'economia della parola

C'è uno sperpero di sostantivi, aggettivi, persino di punti e di virgole. Discorsi che scorrono come un fiume in piena, facendo solo rumore. Si parla per non dire mentre molti stanno in silenzio, senza chiedere aiuto. Vi sono persone che vivono producendo parole.

Ormai escono prima le parole delle idee, ed è questo il percorso che serve all'apparenza, che sostiene la quantità e non la profondità. La parola che caratterizza la nostra specie viene usata troppo per imbrogliare, offendere, per urlare e spaventare. L'intelligenza è ridotta alla capacità di spiegare anche ciò che non si è capito.

L'economia della fragilità

Il fondamento dell'umanesimo si lega alla percezione che ciascun uomo ha di avere dei limiti. La fragilità è il bisogno al contempo di legarsi a un altro essere umano, proprio perché è fragile, e solo per questo può aiutare. Il primo passo per farlo è capire che possiede gli stessi limiti che ognuno ha.

Lo abbiamo detto molte volte, la fragilità non è debolezza, a cui corrisponde in antitesi la forza. Esprime che un uomo da solo non può vivere e che, pertanto, la condizione umana è quella di un essere fragile che si sostiene con la forza che gli deriva dalla fragilità di un altro come lui.

Sembra un paradosso. Per l'economia del denaro sarebbe come dire che il denaro, invece di dare potere, lo toglie e che la mancanza di potere è la vera forza. Un paradosso così sottile che l'economia del bene si potrebbe anche chiamare economia della fragilità.

L'economia dei sentimenti

Un richiamo all'importanza del «sentire», contrapposto alla razionalità, che ha invece, per millenni, guidato il percorso che si riteneva conducesse alla «verità». La differenza ha assunto simboli diversi: da una parte il cervello, dall'altra il cuore; da una parte la logica, dall'altra la fiducia.

Non serve la contrapposizione, ma ciò che ha dominato è sicuramente la testa rispetto al cuore e, per questo, più che a un'economia razionale ha senso dedicarsi a un'economia dei bisogni d'amore. Un legame che ha poco senso se misurato con la ragione, ma è capace di arricchire l'esistenza. I sentimenti vanno rispettati, considerati, promossi. C'è bisogno persino del «risparmio» per non sprecarli, poiché sanno mostrare il senso dell'uomo e del mondo dentro una visione di gioia e voglia di vivere.

L'esistenza dell'uomo merita il rispetto e l'attenzione. E l'incontro dovrebbe avvenire all'insegna della curiosità e della voglia di scoprire qualche aspetto della ricchezza umana, ascoltando e conoscendo ogni essere umano.

Credo che la ricchezza contribuisca molto a distruggerne l'integrità, poiché si impone quell'unica dimensione di denaro-potere, così preponderante nella nostra società. Marcuse definiva questa condizione *l'uomo a una dimensione*.

È questo il prezzo della ricchezza, capace di nascondere e cancellare le altre dimensioni. E arrivo a dire che la povertà, la malattia cronica del denaro, esprime il dolore che è una delle caratteristiche più umane.

Un vero peccato che l'attenzione di una società si rivolga in modo particolare a quelle persone che esistono solo per la ricchezza. Bisogna ammettere tristemente che vi sono ricchissimi che, umanamente, non valgono nulla. Esistono professioni e persone impegnate, che non possono nemmeno pensare di accumulare l'inutile, ma vengono dimenticate come non ci fossero.

Socrate, Platone, Tommaso Moro, il Mahatma Gandhi, Gesù di Nazareth, Buddha non erano ricchi. Gli scienziati di questo periodo storico non appartengono alla ricchezza, sono «nascosti», mentre a emergere sono i giornalisti televisivi che fanno spettacolo della scienza, ignorando che cosa animi i ricercatori, chiusi in un laboratorio, dediti alla ricerca. Analogamente ai monaci, che si chiudono in una cella per pregare Dio, ma anche per conoscerlo meglio.

In una società del denaro, per poter vivere, occorre poter disporre di quella quantità che garantisca di non dover dipendere dai ricchi e dai cantori della ricchezza, che praticando l'arte cicisbea si arricchiscono con le tecniche un tempo proprie dei personaggi di corte.

L'uomo

Nutro un grande interesse e una grande stima per l'uomo e continuo a esserne affascinato. L'uomo è un valore, qualsiasi uomo, anche tra i grandi criminali ho conosciuto l'uomo e ho visto in loro la possibilità di diventare esempi generosi in condizioni differenti.

Passare dall'economia della ricchezza a quella del bene significa soprattutto salvare i ricchi dal degrado umano in cui si trovano.

Una notizia delle «grandi gesta» sulla ricchezza riporta che è stata acquistata la maglietta indossata da un campione del basket per sei milioni di dollari. Uno yacht, da poco uscito da un esclusivo cantiere navale, è costato 165 milioni di dollari. Tutti questi atti «eroici» vengono esaltati dagli strumenti di comunicazione e nessuno riesce a immaginare quante persone potrebbero essere aiutate nella fatica di sopravvivere.

Non riesco a immaginare come un essere umano ricco non possa essere attratto dalla grandezza della generosità. Potrebbero provare una gratificazione grande, gioia, stima di sé. In un giorno, un ricco potrebbe attraverso la generosità scoprire la ricchezza dei gesti umani.

Il termine che diventa proprio dell'economia del bene

è «gioia», a sostituzione di quello dell'economia del denaro che è «felicità».

Va premesso che è un diritto e un grande desiderio dell'uomo vivere serenamente senza l'*angustia vital*, presi dalle preoccupazioni del necessario. L'uomo deve provare la gioia di sentirsi accettato e nell'atteggiamento di poter dare all'altro. Anche se non possiede «cose», ogni uomo ha una ricchezza interiore che diventa il dono di sé.

La felicità è senza dubbio un piacere, ma si chiude dentro l'io, risulta da qualcosa di esclusivo, di un piacere solo per me. Molto più umana è la gioia, perché riguarda il «noi», ha una dimensione corale e se è propria, viene condivisa con l'altro; se appartiene a una persona cara o a un tuo vicino, si riflette anche su di te. Si potrebbe parlare di «economia della gioia».

Nella nuova economia deve rimanere il termine «profitto», poiché l'esistenza deve guardare alla condizione umana, cercare che migliori dando risposte ai bisogni di ciascun uomo che, una volta risolti quelli della sopravvivenza, sono legati ai desideri e alle caratteristiche psicologiche. È fondamentale desiderare, è questa la modalità per affermare le proprie doti, soddisfare il piacere di svolgere delle funzioni gratificanti che, come abbiamo indicato, provengono dagli altri. Se avessero un'origine solo dal proprio io, finirebbero nell'egocentrismo e nell'autoesaltazione.

«Profitto» è il participio passato di *proficĕre*, nel senso di avanzare, giovare, progredire ed è dato dall'unione di *pro* (avanti) e *facĕre* (fare). Un termine molto umano che ha il senso di migliorarsi e in quel «fare» pone necessariamente la presenza dell'altro.

Nell'economia del bene, il profitto considera insieme al denaro (che è la misura del guadagno) altri valori, quali la stima di sé e dell'altro, la riconoscenza, la gioia, il sapere, l'esperienza e persino la percezione del tempo che passa.

La vecchiaia è un valore umano, ecco perché l'economia del bene è anche un'economia delle età. Riporta all'errore della pensione, come stigma di non produrre più denaro e di diventare un peso economico e, per questo, si parla di vecchiaia come «malattia» per l'economia.

L'uomo non va mai in pensione. La vita gli permette di esprimere dei valori, alcuni decadono con l'età ma altri si manifestano addirittura con maggior forza. E persino l'Alzheimer, considerato il dramma della vecchiaia, si presenta con confusione della memoria, delle idee, di alcune funzioni somatiche, ma lascia accesa la tenerezza e fa considerare l'importanza dei sentimenti, del sentire, anche senza esprimere verbalmente ciò che si prova.

La vecchiaia come modo particolare di essere umani.

Certo riporta al senso del limite umano, in un'età che si avvicina alla fine. La morte è parte dell'esistenza e del suo mistero.

Una società che considera il vecchio un oggetto inutile, perde la sua umanità ed è una delle prove più esplicite di quanto sia lontana l'organizzazione della casa e della società, se viene privata dei vecchi. La loro presenza deve trasformarsi in una testimonianza vissuta del senso della vita, perché è solo da questo punto di partenza che può nascere un'economia dell'esistere e del suo senso. Il tempo non finisce con il testamento, ma con il mistero, che riguarda non il valore del titolo finanziario ma quello dell'uomo, all'interno di un universo sconosciuto. *L'uomo, questo sconosciuto* di Alexis Carrel, premio Nobel per la medicina del 1912.

L'economia della relazione nel bar-trattoria di Moruri di Sotto

Moruri è un borgo sulle colline del Veronese e fa parte dei monti Lessini che dolcemente giungono fino alle Alpi. Dal punto di vista geografico risulta essere una frazione del comune di Verona, posta a 450 metri sul livello del mare. Il legame con la città lo si coglie anche dallo sguardo che va in direzione di Verona, all'inizio dell'ampia Pianura Padana.

Moruri conta centosei abitanti, distribuiti in cinquantadue abitazioni che risultano occupate, con l'eccezione di cinque o sei che durante l'estate accolgono qualche turista che deve amare il silenzio e camminare tra sentieri che sembrano tutti portare nella natura. Una pace disegnata dagli ulivi e dalle vigne, da cui si producono i grandi vini delle valli per cui la città è nota, con nomi famosi come il Recioto e l'Amarone.

La curiosità è data anche dalla distinzione che separa Moruri di Sotto e Moruri di Sopra. Quest'ultima è distaccata di un centinaio di metri, ma contiene dei luoghi che ne costituiscono l'anima: la chiesa e, un po' più su, il cimitero. La chiesa è chiusa, non è più possibile, per le poche vocazioni, che vi sia assegnato un sacerdote per così pochi cristiani. Il camposanto è circondato da un muro di confine, il cancello è sempre aperto, nella parte a destra dove le persone vengono sepolte nella terra c'è ancora tanto spazio e qui certamente i morti non devono aspettare per essere sepolti. Nelle grandi città, sono ammassati in attesa che, secondo i regolamenti, vengano tolti i resti umani di morti da oltre quarant'anni per destinarli a una fossa comune.

Non è possibile definire Moruri un paese, se lo si intende come una comunità con un minimo di autonomia. Non vi sono nemmeno i carabinieri, manca una farmacia, il medico condotto è quello di Mezzane a una decina di chilometri di distanza.

C'erano l'asilo e la scuola elementare, ma ora rimane solo l'edificio, chiuso e senza più esposta la vecchia bandiera della nazione.

Per raggiungere Verona in auto, occorre percorrere una ventina di chilometri tenendo conto che, nella prima parte, la strada è formata da continue curve e alcune sono così anguste da ricordare i tornanti del Pordoi o del Sella.

Per fortuna è ancora aperto il bar-trattoria di Moruri che s'incontra in bella vista e con un grande cartello, giungendovi. Doveva chiudere, perché nessuno poteva trovare una motivazione a gestirlo per una comunità così piccola e dove domina la popolazione di una certa età. Sperare che i veronesi salissero a Moruri per una serata in trattoria, era segno di aver perso il senso della realtà e soprattutto dell'economia.

L'ultimo gestore era giunto ogni tanto a portarsi dall'altro lato del bancone e chiedere a se stesso un bicchiere di vino. Rimasto come ultimo cliente abbandonò, non per ubriachezza ma forse per una solitudine senza speranza.

Divenne triste tutta la comunità, persino quella di Moruri di Sopra, dove non c'è più nessuno e i morti non vanno al bar. La chiesa è in una piazzetta intitolata a un vecchio parroco che, dagli anni Venti, era rimasto più di quarant'anni. E forse, anche lui era giunto a confessare se stesso. Eppure, su un'iscrizione a un ingresso laterale della chiesa del 1612, si legge «*Dominus Sancti Zenoni. Porta Coeli*». Ed è qui che si trova anche una lapide, in ricordo di un grande sacerdote che nacque a Moruri: si consacrò nell'opera di don Nicola Mazza giungendo a coprire il ruolo di superiore generale. Un ordine noto per essersi dedicato alla creazione di scuole che permettessero a giovani poveri di arrivare anche all'università e, certo, a seguire la vocazione per diventare sacerdoti, come monsignor Albrigi, religioso di grande impegno vocazionale e profonda fede.

Se si esclude la bellezza della collina in cui il paese è insediato e quell'insieme di case che mostrano il bisogno di stare vicini per sentirsi meno soli, la visita a Moruri attiverebbe un poco di tristezza: si allontana da tutto ciò che oggi si ritiene necessario per vivere in una società della fretta, del rumore, del denaro. Ma l'abbiamo detto: per fortuna il bar-trattoria era ancora aperto ed esponeva una lavagna con offerte di antipasti, primi, secondi e dolci. Una terrazza circondata dal verde, con molti tavoli.

Alle 19.00 apriva la cucina ed è così che, con mia moglie, mi sono seduto al tavolo che si trovava nell'angolo davanti a una valle che sembrava disegnata da un grande artista. Venne a salutarci un giovane a cui non era facile dare l'età, anche perché l'attenzione andava sulla testa in cui i capelli erano raccolti, non a crocchia come mia nonna Virginia, ma in una sorta di coda di cavallo tagliata. Sembravano avere la funzione di potercisi attaccare per un sostegno. L'espressione era seria, ma il sorriso dolce ricordava forse una vecchia virtù: l'ingenuità.

Ci permise subito di capire la fortuna di trovare aperto quel luogo, che era espressione del pubblico, di un ritrovo, l'unico rimasto dopo la descrizione che abbiamo fatto.

Gestiva il rifugio Revolto a Selva di Progno, un poco più in alto a 1330 metri, indicato come tappa per raggiungere la cima del monte Carega. Avevano deciso di rinnovarlo, ma poi venne chiuso e il giovane era rimasto senza lavoro. Seppe della volontà della popolazione di Moruri di mantenere il bar-trattoria come la fiammella per una vita comunitaria, sociale, del borgo.

Accettò di occuparsene, inizialmente era per il tempo necessario alla ristrutturazione del rifugio ma, passati due anni e non essendo ancora stato riaperto, ora aveva deciso di rimanere. Si mostrò contento di svolgere quel lavoro che dipendeva tutto da lui, poiché era lui a cucinare, a servire in tavola, e si dedicava naturalmente anche ai clienti del luogo che venivano a scambiare quattro chiacchiere e, se non trovavano altri avventori, era a lui che spettava il dovere della comunicazione. Veniva a volte aiutato da una giovane del posto che, d'estate, preparava i tavoli, serviva i clienti con prontezza, correva dietro il banco se qualcuno chiedeva un caffè o per versare del vino in un calice.

Così, chiacchierando anche noi per saperne di più su quello strano luogo, ci siamo fatti consigliare un antipasto e un primo piatto. Fu un'occasione per sentirci raccontare di tutti i prodotti di quelle colline e delle malghe vicine che forniscono formaggi, di cui era un conoscitore preciso non solo delle diversità ma anche dei procedimenti per realizzare quei prodotti che entravano nelle sue ricette e quindi sulla nostra tavola.

Esprimeva una passione per quello che faceva, per poche persone e quella sera anche per noi, che ci staccavamo dai clienti del luogo, venendo accolti come una novità, un'occasione di incontro anche per lui. Qualche curiosità la dovevamo destare poiché cominciò a chiederci se già eravamo stati da lui, gli sembrava infatti di riconoscere il nostro viso. E così si ritrovarono quella sera, al bar-trattoria di Moruri di Sotto, un professore dei matti e una psicoanalista.

Ci chiese il permesso di andare in cucina, percependo l'interesse che aveva destato in noi la descrizione dei piatti che ci aveva guidato a scegliere: per antipasto un tagliere di formaggi locali, con gelatina di vino rosso e una composta di fichi, per il primo orecchiette con scamorza affumicata, zucchine e pepe nero.

Avevamo, a questo punto, lasciato aperta la possibilità di un secondo, ma era improbabile considerando le esigenze che hanno per la cena quelli «di una certa età».

Da quel momento, dovevamo solo aspettare, sapendo che il giovane gestore era particolarmente occupato, poiché – come aveva detto – i piatti li preparava al momento. Era molto rischioso fare previsioni.

Facevamo intanto qualche commento sulla partecipazione che quel giovane adulto mostrava per il proprio lavoro, fatto di tanti particolari che richiedevano comunque un sapere e una ricerca. Allo stesso tempo, sulla lavagna, vedevamo scritti in chiaro i prezzi: il tagliere 8,50 euro, per il primo 7,50. E questi numeri riportavano al denaro, anche se certamente non sembravano seguire le regole dell'economia del profitto e di quel principio razionale che doveva portare a guadagnare il più possibile, nel minor tempo. Veniva spontaneo il confronto con quanto accade in una trattoria o in un ristorante della città: un luogo non lontano, in cui invece l'economia del denaro era un imperativo e non permetteva certo di dedicare un tempo che, a Moruri, diventava relazione.

Erano passati forse venti minuti, quando lo si vide entrare nella terrazza in cui eravamo gli unici seduti per cenare. C'era qualche persona del luogo, vicino a un portacenere, a fumare. Era arrivata nel frattempo la cameriera che disponeva delle tovaglie rosse su cui aggiungeva un telo bianco, con precisione e gusto.

Il gestore ritornò con un grande tagliere di legno imbandito di parecchi tipi di formaggio disposti con ordine, assaggi di ben sette qualità diverse, alcuni arricchiti del gusto di erbe oppure con grani di pepe. Nella parte centrale di questa corona vi erano due coppette, aderenti in pieno alle promesse. E qui abbiamo assistito a una vera, seppur rapida, lezione di gastronomia ma al contempo un esempio di bellezza, che si può esprimere anche su un tagliere di legno, appoggiato alla tovaglia di un tavolo di Moruri di Sotto. Completata la presentazione, ritornò in cucina. Questa volta il compito era ancor più professionale, perché preparava a mano le orecchiette, per poi condirle con tutto quanto egli stesso doveva avere inventato. E comunque era consapevole che, anche in quel modesto locale, dava tutto ciò che poteva ai clienti.

Un piccolo chef dell'unica trattoria di Moruri, per due clienti che erano disposti a spendere 8,50 euro più 7,50 per due. Io pensavo a dire il vero che, pure essendo il tagliere destinato a due persone, costasse il doppio. Non era così poiché il totale con l'acqua minerale e due coperti di un euro per due, era di 25,50 euro.

Occorrerebbe molto tempo per riferire anche la preparazione dei primi, che durò almeno trenta minuti, ma non è possibile saltare il momento in cui venne lui stesso a riprendere il tagliere che era ormai diventato legno puro.

Soddisfatto, sembrava persino contento, quando mia moglie gli disse che i gusti erano diversi l'uno dall'altro e tutti speciali. Qualcuno per noi addirittura nuovo.

Le orecchiette vennero servite dalla cameriera, ma fu ancora lui a raggiungerci per ritirare i piatti e poiché ne avevamo lasciato una parte, se ne preoccupò fino a che lo rassicurammo che era una nostra abitudine, in particolare la sera, in rispetto di uno strano concetto di «leggerezza», limitare la dose. Fummo noi a sottolineare alcune qualità di quanto aveva preparato, e riportò in cucina i piatti con un sorriso che ha reso contenti anche noi.

Non venne lui a portare il conto, ma la cameriera. E poiché avevamo lasciato 3,50 euro nel piattino, ci ringraziò come chi apre un pacchettino regalo in un giorno di festa. Avevamo trascorso una bella sera a tavola, dentro un'atmosfera fatta di piccole cose, a partire dall'incontro con quel giovane che era chiamato a rendere la nostra cena un piccolo evento, poiché non ci trovavamo al tavolo abituale con il menù che finisce per caratterizzarsi come abitudine.

Anche una cena nella trattoria di Moruri è espressione dell'economia e, a me pare, lo sia dell'«economia del bene».

Cercando di capire quale valore quel gestore avesse realizzato, guadagnato, oltre al conto in denaro, bisogna aggiungere l'apprezzamento di ciò che lui aveva preparato, non solo cucinando il cibo, ma per la maniera elegante con cui l'aveva offerto. Un valore di autostima poiché il nostro apprezzamento era sincero, persino affettivo, in quanto ci veniva naturale esprimere gioia per quell'incontro.

Aveva avvertito che quella professione non si limitava a un fare, sia pure bene, in modo anonimo, ma serviva a comunicare la propria personalità che include la professione e vi aggiunge un qualcosa, che appartiene alla sua piccola storia, ad aspetti di personalità che trasformano un servizio in un incontro e persino in una forma di relazione.

Ci siamo salutati, noi abbiamo detto che saremmo ritornati e lui certamente ci ha depositati nella sua memoria.

Non è quindi un evento culinario, ma un'esperienza umana creata attorno a un tagliere di formaggio e a un piatto di orecchiette.

Parlare di Moruri di Sopra e di Sotto significa per me ricordare e descrivere il gestore di quel bar-trattoria, un luogo che poteva sembrare morto e invece contiene una storia ma anche un presente che sa di profonda umanità.

Ecco l'economia che abbiamo chiamato della relazione, del bene, perché sia a noi che a lui quel piccolo fatto aiuta a vivere più sereni, con l'idea che il mondo è fatto anche di persone «perbene».

Alle «Case matte»

Doveva abitare alle «Case matte» che si trovano nei pressi di Porta Vescovo, dove inizia la collina delle Torricelle. Non è una zona dedicata a qualche nome illustre della città, né è ben delineata una strada, pertanto quelle case non hanno nemmeno il numero civico.

Trovandosi vicino alle mura austriache, erano occupate durante la guerra da qualche famiglia che aveva trovato la propria abitazione distrutta. Serviva sostituirla immediatamente per ripararsi dagli agenti atmosferici, ma soprattutto dagli aerei militari che continuavano a bombardare la città. E le Case matte si sono riempite di gente. E da allora, anche lontano dalla guerra sono sempre state abitate dalla povertà.

Il termine «matto», anche quando si applica a una casa, mantiene il senso della stranezza e dell'inadeguato. Un luogo scavato dentro la roccia che manca di tutti gli elementi che sono diventati parte integrante di un'abitazione.

Lui, un uomo che forse non aveva nemmeno un nome. Non ne sapevo nulla se non che talvolta, e del tutto casualmente, passava davanti al portone dove abito, in via XX Settembre. Avrà avuto circa sessant'anni e camminava per quella strada lentamente, come non avesse fretta, non fosse aspettato da nessuno.

È certo soltanto che, transitando davanti al numero 35, a casa mia, guardava sempre dentro. Sembrava talora fermarsi per verificare magari la presenza di qualcuno che abitava in quel palazzo.

Quando mi capitava uscendo di trovarlo, mi pareva che allora si muovesse più rapidamente, come per non disturbare, lo salutavo e lui mi rispondeva con un sorriso che dava a quella statua un'anima.

Un curioso incontro che, sia pure casualmente, rappresentava il ripetersi di un evento, ed è questa la caratteristica di una storia minima e magari inutile. Parlandone con mia moglie, mi aveva confermato che era capitato anche a lei e che lo aveva visto una mattina in città, seduto su un gradino della chiesa di San Tommaso. Quando passava qualcuno, quel corpo muoveva la mano per chiedere l'elemosina ai passanti, soprattutto a quei pochi che salivano i tre o quattro gradini che portano all'ingresso del tempio di Dio. Mi disse anche che trovava strana la scelta di un luogo che non è su una via molto trafficata dai passanti, dove non vi sono negozi nelle vicinanze e tantomeno un supermercato. Non lontano di lì, vi erano altre chiese, addirittura in zone pedonali. Probabilmente non doveva amare mostrarsi occupato in quella maniera che, comunque, gli permetteva di vivere.

Vidi che anche mia moglie era colpita da quell'uomo e aggiunse che le sembrava una persona che ovviamente faticava a vivere, ma era come accettasse quella condizione, con la preoccupazione di non disturbare. Quasi che, davanti a quella chiesa, fosse una specie di statua, di arredo.

Riuscì a saperne di più e fu lei, una sera, a dirmi di avere fatto una scoperta: era stato un operaio della Tiberghien, un'azienda che produceva tessuti, un nome di origine belga, che aveva chiuso secondo alcuni per fallimento, secondo altri per spostare l'attività nel Paese di provenienza. Rimase così disoccupato, in un'età in cui non è certo facile trovare un posto di lavoro. La conseguenza fu di dover lasciare l'appartamento in cui viveva, non lontano da Porta Vescovo, poiché l'azienda operava fuori porta, proprio all'inizio dello stradone diretto a San Michele.

Già questo è il racconto di una vita. È probabile che la condizione in cui era precipitato avesse anche favorito l'abbandono da parte di chi viveva con lui. L'ipotesi era che si trovasse alle «Case matte» da solo e avesse ridotto l'esistenza a una liturgia essenziale e molto triste: svegliarsi il mattino e prendere la strada di via XX Settembre, passando davanti al portone del numero 35, e rallentare come se quel luogo avesse uno strano senso. E quando il portone era aperto, dava persino l'impressione di fermarsi a guardare, per poi proseguire.

Quel mattino era d'autunno, il cielo piuttosto cupo e non escludeva pioggia. Io stesso mi trovavo davanti al portone, poiché era giunto il camion che portava alcuni mobili per completare l'arredamento di un piccolo appartamento nel palazzo in cui sarebbe venuta una mia figlia a vivere per un periodo di lavoro, spostandosi da Milano.

Una scena inusuale e anche imbarazzante poiché quel camion, fatto a scatolone, occupava parte della strada che per fortuna è a un'unica direzione di traffico, ma certamente ingombrava. Dalla parte posteriore del veicolo uscivano a fatica dei mobili che l'autista e un suo aiutante scaricavano mettendoli nell'androne, da cui poi sarebbero stati trasportati nel luogo a cui erano destinati. Tutto questo per poter rimuovere al più presto possibile quel mezzo di trasporto di dimensioni eccessive rispetto al contenuto.

Non si trattava di un trasloco, che è sempre costituito da un'infinità di cose. In questo caso si sarebbe completato un piccolo appartamento che già conteneva alcuni oggetti.

Oltre allo spazio occupato sulla strada, un bel fastidio veniva anche causato alle persone che camminavano sul marciapiede e che dovevano rispettare la precedenza di chi portava dentro il contenuto delle scatole. Avvertivo un certo disagio per aver messo a soqquadro l'ordine di quella via che è diretta al Ponte delle Navi e quindi al centro della città, e aiutavo portando degli oggetti, qualche pacco che cercavo di scegliere tra i più piccoli, anche se avevo preso consapevolezza che la grandezza non era proporzionale al peso.

Si era fermato anche quel signore e, rivoltosi a me con voce sommessa, mi disse: «Posso aiutarla?».

Confesso che, in quelle condizioni che apparivano certamente di confusione, era quasi impossibile dire di no. Gli risposi quindi: «Grazie, se lei ha tempo, gliene sarei grato».

Potei subito rendermi conto della sua utilità e, nello stesso tempo, dell'attenzione che aveva risvegliato in me e, naturalmente, anche in mia moglie. Avere sotto gli occhi quella persona su cui avevamo fatto congetture di fantasia e forse persino assurde, era un privilegio.

Se il mio aiuto nel trasportare quegli oggetti era poco più che virtuale, risultava evidente dal confronto con quell'uomo che, sia pure con calma rispetto alla mia agitazione, e con continuità, svolgeva un'azione utilissima tanto che si decise di chiedergli di dedicarsi a portare ciò che era possibile fare da solo, gli oggetti dall'androne all'appartamento, con il vantaggio di evitarne un eccessivo accumulo che avrebbe portato difficoltà anche alle persone che abitavano nel palazzo.

In segno di apprezzamento gli chiesi, in un paio di occasioni, se avesse sete e desiderasse bere qualcosa, gli raccomandai anche di prendere gli oggetti più piccoli, mi offrii anche di aiutarlo quando mi sembrava si fosse sovraccaricato. Non accettò mai.

In un paio d'ore, quel trambusto in via XX Settembre, dentro e fuori dal numero 35, si quietò. I trasportatori avevano sistemato il camion a poca distanza, davanti all'università in cui c'è un parcheggio. E, all'interno dell'appartamento, mia moglie aveva guidato la disposizione di tutta quella massa di cose che avevano trovato un ordine e un senso.

Rimasi così solo con quel signore che mi sembrava più contento che stanco. Invitandolo a lavarsi le mani (cosa che rifiutò) lo ringraziai, con l'espressione che mi sembrava più realistica e adatta, chiedendogli quanto gli dovevo dopo aver sottolineato l'utilità del suo intervento. Ma la risposta mi sorprese e mi diede addirittura la sensazione che il desiderio di pagarlo fosse «fuori luogo». Mi ringraziò e disse che non voleva nulla.

Non poteva sfuggirmi l'immagine che lo vedeva seduto sul sagrato della chiesa di San Tommaso, e nemmeno la certezza che viveva alle «Case matte» e che, in quella operazione, aveva probabilmente rivissuto il dramma di chi non solo non ha un appartamento vero, ma forse nemmeno un tavolo o, chissà, neanche un letto. Insistetti dunque facendo presente che aveva dedicato un paio d'ore al lavoro e non si era trattato solo di una gentilezza. E notando la ritrosia e la decisione a non voler denaro, estrassi il portafoglio per decidere io il compenso. In quel momento allontanandosi da me, aggiunse: «Grazie, ci conosciamo e se le ho dato un aiuto, l'ho fatto con molta gioia, con il piacere di essere stato a lei utile». Riposi nella tasca il portafoglio e mi venne spontaneo abbassare il capo in una sorta di inchino, mentre lo ringraziavo commosso.

Capii che il valore del denaro anche per un povero, per uno delle «Case matte», non regge al confronto con la gratificazione di essere stato utile, di avere aiutato proprio quel signore che vedeva dentro il portone di quel palazzo storico. Quella mattina doveva aver avvertito la propria umanità, sentendosene appagato. Persino per chi chiede l'elemosina, ha valore il sentirsi rispettato e la percezione di essere, prima di tutto, ancora un uomo. Certo, le condizioni in cui si era trovato a vivere gli avevano impedito di avvertirlo con continuità, ma era certo di possedere ancora quella dignità. Lì, da quel giorno, sempre davanti al numero 35 di via XX Settembre, viveva forse l'orgoglio di avere aiutato con sincerità e simpatia quel signore che ora, quando casualmente lo incontrava, non solo gli sorrideva, ma gli chiedeva come stava. Così si scambiavano qualche parola, che non aveva forse un significato sapienziale, ma era una vera comunicazione all'interno di una relazione. Certamente lui non si sentiva in quel momento povero e io avvertivo ancora l'ammirazione verso chi conosceva i limiti, la pochezza del denaro rispetto a ciò che ha un vero significato per continuare a vivere.

Si era inserito con il tempo, quando ci incontravamo davanti al portone, il gesto di stringerci la mano. E io avvertivo che la sua tremava.

Padre Guglielmo, eremita camaldolese

Padre Guglielmo è un eremita che vive nell'eremo di San Giorgio, nella Rocca dei Camaldolesi, sul lago di Garda.

È un luogo antico, risale al 1663, quando una piccola comunità di camaldolesi scelse quel luogo stupendo che domina il lago e che è posto dentro il cielo, in un silenzio che sembra aver dimenticato l'agitazione del mondo.

Lo conobbi tanti anni fa, quando mi recai all'eremo una domenica mattina per ascoltare la messa e visitare le celle degli eremiti.

Padre Guglielmo, quel giorno, si occupava proprio dell'accoglienza e il suo compito era di aprire il portone dell'eremo circondato dalle mura almeno in quella parte che si unisce al precipizio roccioso della rocca. Erano poche le persone che raggiungevano la chiesetta per la celebrazione domenicale.

Occorreva percorrere l'ultimo tratto su un sentiero che tuttavia poteva permettere il passaggio di un biroccio tirato da un cavallo oppure di un carro, fatto salire ancor più lentamente da una coppia di buoi.

Fa parte dell'eremo anche un ampio giardino in cui si coltivano erbe speciali, che entrano poi nella farmacia fondata sulla sapienza della natura, a cui gli eremiti ricorrono conducendo una vita non certo attenta al corpo, ma comunque rispettandolo, perché proprio dentro il corpo da qualche parte poggia l'anima. Poiché ero in anticipo per la celebrazione festiva, padre Guglielmo mi portò a visitare la sua cella e rimasi ovviamente colpito dall'essenzialità. Un letto di legno, un crocifisso che si alzava al di sopra di un inginocchiatoio, un tavolino con una sedia appoggiato al muro, e davanti un'immagine di san Romualdo, il fondatore dei camaldolesi.

La porticina per entrare nella cella, in realtà, portava subito dentro un quadrato di terra che permetteva a chi la occupava di coltivare dei fiori, di farne un piccolo orto. E da questo spazio, un'altra porta di legno immetteva nel luogo destinato a dormire, ma soprattutto alla preghiera e alla meditazione personale, poiché per la vita in comune ci si trovava con i confratelli nel coro seguendo la liturgia delle ore che dal *mattutino* porta all'*ora prima* fino all'*ora nona*, dunque a *compieta*. Per questo gli eremiti vengono chiamati da una campanella, alla Rocca i suoni provenivano tutti da un batacchio che sbatteva contro la parete di una campana. Padre Guglielmo mi disse che era inutile vedere le altre celle in quanto erano uguali e aggiunse che, a differenza dei monasteri di altri ordini, non c'era nell'eremo un refettorio. Ognuno riceveva dall'eremita che, quel giorno, si occupava della cucina i pasti, attraverso una piccola ruota che mi mostrò sulla parete laterale. Vi veniva posta la ciotola con il cibo, poi si girava la ruota e così entrava nella casa di ciascun eremita.

I compiti comunitari venivano svolti a turno dagli otto eremiti e anche quelli più avanti con l'età ci tenevano a essere utili e a non fare differenze. Mi fece notare che non c'era in questo sistema alcuno spazio per le gerarchie. Non esisteva dunque nell'eremo, come è regola nei monasteri, un abate. L'idea principale era che ogni esistenza tendeva alla solitudine, per ricercare l'unione con il Signore.

Anche alla preghiera nel coro si poteva preferire di rimanere nella cella.

Apriva il portone ai visitatori che, un tempo, dovevano essere solo di genere maschile, in seguito a tutti perché Dio può trovarsi in chiunque bussi alla porta.

Era un peccato che la campanella avesse avvisato che stava per iniziare la messa, perché mi sembrava di essere entrato in un altro mondo, con quell'eremita piccolo di statura, coperto dalla tunica bianca e il cappuccio che lo rendeva ancora più misterioso.

Entrando in chiesa, mi disse che mi avrebbe salutato al termine e con questo invito entrò nel coro, io occupai un posto nel primo banco che mi permetteva di avere di fronte l'altare, ma riuscivo anche a vedere ai lati gli eremiti, indistinguibili l'uno dall'altro, che all'unisono, con voce monocorde, recitavano le preghiere della messa e talora cantavano.

Un'immagine che – ricordo ancora oggi – mi portò a meditare sulla parola identità, così importante per l'uomo che vive nel mondo, come realtà singola e irripetibile.

Confesso di essere stato così colpito da quella figura bianca, che voleva solo mostrare di appartenere a Dio, che non riuscivo nemmeno a entrare nel mistero del sacrificio che la santa messa riporta al Calvario, dove venne crocifisso il figlio di Dio.

In quella chiesetta, avevo notato essersi aggiunte altre due persone che, come me, erano uscite dal mondo, alla stessa maniera con cui gli astronauti iniziarono proprio in quegli anni ad andare sulla Luna e già pensavano a Marte.

La distanza che si pone tra la città e quell'eremo è anch'essa misurabile in anni luce, tanto è lontana la vita di un mondo regolato dal denaro, rispetto a quello di un eremita che non ha nulla, ma ritiene di avere tutto.

Con l'*ite missa est* uscimmo dalla chiesetta e padre Guglielmo mi raggiunse puntualmente. Avrei voluto toccarlo, abbracciarlo, per essere certo che non si era trattato di un sogno a occhi aperti e che era fatto invece di umanità.

Mi disse di tornare a trovarlo, «non certo per incontrare me che non sono nulla, ma per parlarti di Dio, che io conosco e che incontro spesso nella mia giornata».

Fu così che ripercorsi quella strada e quel cammino ancora alcune volte e cercavo sempre di lui, anche se sapevo che non c'erano differenze con gli altri eremiti poiché tutti erano legati a quel mistero che per me è Dio, mentre per loro rappresentava l'esperienza quotidiana.

Mentre padre Guglielmo guardava alla mia vita spirituale, io mi preoccupavo della sua condizione corporea, poiché mi resi conto che aveva raggiunto una certa età, anche se lui diceva di non sapere quando era nato. Invece conosceva bene quando aveva incontrato, attraverso i camaldolesi, il Signore e forse riteneva quella la vera data della sua nascita.

Avevo notato che camminava molto lentamente e un po' zoppicava, quindi, in modo delicato, volevo cercare di capire con domande che dovevano apparire strane per lui, ma non per me. Mi resi conto che soffriva di un dolore al ginocchio, probabilmente per un'artrosi, che risentiva del freddo che, d'inverno, domina nelle celle. Gli esempi riportavano agli eremiti delle grotte, oppure del deserto, come san Girolamo.

Decisi di tentare di convincerlo ad avere una piccola stufa a legna da poter accendere nel freddo invernale per evitare di ammalarsi e ridursi all'immobilità, che poteva essere di particolare sofferenza per un eremita, che non vuole pesare su nessuno e semmai pensa al dolore dell'altro non al proprio. Mi disse che certo era possibile poiché, nella regola del fondatore, è previsto che un eremita malato possa nutrirsi di carne, mentre abitualmente vi è un divieto rigoroso.

Sapendo della mia professione, mi disse che anche gli eremiti sanno che il corpo è fragile ed è legato al tempo ma, a differenza degli uomini laici, aggiunse, i religiosi non temono la morte e per questo le malattie hanno una dimensione diversa dalle percezioni che ne hanno le persone comuni.

Misi a punto un piccolo progetto e pensai di fare un dono a padre Guglielmo, in maniera che non sapesse che proveniva da me. Un'offerta che qualcuno avrebbe inviato all'eremo, nella tacita speranza che potesse tradursi nell'acquisto di una stufa a legna da usare nell'inverno con la prospettiva che potesse talvolta servire anche agli altri padri dell'eremo, nel caso per esempio di un'influenza.

Non è stato facile promuovere questa forse ridicola strategia che consisteva in una busta con denaro sufficiente per acquistare e fare installare in modo semplice e temporaneo una stufa, contando che il bosco vicino alla Rocca avrebbe fornito legna con generosità. Incaricai un amico che si doveva recare la domenica all'eremo, di seguire la messa e alla fine consegnare quella busta, con indicato il nome di padre Guglielmo, a uno degli eremiti.

Dopo qualche settimana, ritornai alla Rocca ed era ancora padre Guglielmo a occupare quel giorno la funzione di padre guardiano. Mi fece fare una visita al cimitero e notai, con mia piena soddisfazione, che era migliorato nella deambulazione e avendogli chiesto direttamente del dolore al ginocchio, mi rispose che andava molto meglio. Mi sembrava di avere diritto di provare un po' di soddisfazione ma, dopo poco, mi raccontò questa piccola storia che mi lasciò, come si dice, a *bocca aperta*.

Mi raccontò che aveva ricevuto una busta che conteneva, precisò, del denaro e che era un segno della Provvidenza poiché è possibile considerare il denaro un valore, solo se a donarlo è la Provvidenza. Lui ne fu contento, soprattutto perché poteva egli stesso donarlo a chi ne aveva bisogno e aveva interpretato che la Provvidenza lo aveva messo alla prova. Ne parlò con gli altri eremiti e tutti insieme decisero di seguire la volontà di padre Guglielmo di volgere quell'offerta nelle mani del parroco di Albarè che, a volte, veniva a celebrare la santa messa, per assegnarla ai poveri che, anche nella campagna, sono presenti.

Così ringraziò il Signore di quel dono che a lui aveva portato una grande contentezza, nel pensare che quei soldi sarebbero serviti a qualcuno che ne aveva bisogno. E la gioia fu così grande che – mi disse padre Guglielmo – aveva fatto sparire completamente il male al ginocchio.

Eravamo giunti al camposanto che era composto da due gruppi di quattro cassetti, uno sovrapposto all'altro e, tirando le maniglie che appartenevano a quello più alto, mi presentò il primo beato degli otto che occupavano quel cimitero.

Suonò, per provvidenza, la campanella che annunciava l'inizio della celebrazione della messa.

Educazione e lavoro: i fondamenti della nuova economia

Il primo fondamento della nuova economia è l'«educazione», il secondo il «lavoro». Non vanno separati poiché il primo è la condizione per il secondo. A legare queste due dimensioni nella nuova visione del mondo e dunque dell'economia, non è più il successo, ma invece il ben essere, *sull'essere-bene* nell'ambiente in cui si vive. Lo scopo delle nuove generazioni non è il salario ma il benessere: si potrebbe dire che il benessere lo sostituisce.

Vi è già chi ha parlato di «wellfario» (Mirco Casteller), ma forse ancor più significativo è il termine «esistenziario», per indicare che se il lavoro, nel passato, per la maggior parte delle persone, rispondeva alla sopravvivenza, questa preoccupazione nell'Occidente per la gran parte è ora superata e i bisogni che diventano primari sono quelli del vivere bene, che si traduce nel sentirsi gratificati, nella percezione che l'esistenza non è solo fatica o una valle di lacrime in attesa di un posto utopico in Paradiso.

I giovani vogliono vivere bene e questa pulsione non è affatto in contraddizione con un lavoro che però li interessi e possa persino diventare un'esperienza sociale gratificante. Il lavoro non come sofferenza per vivere che emerge dalla contrapposizione tra tempo di lavoro e il cosiddetto tempo libero, una separazione diseducativa, persino assurda. Questa concezione trasforma la vita in una parte disprezzabile e in un'altra desiderabile.

Solo una visione stolta, dominata dal denaro, può vedere il lavoro come una sorta di punizione alternativa alla vera modalità di vivere. Il lavoro, come fatica e pena, era strumentale al potere, per avere a disposizione uomini e donne in atteggiamento di accettare qualsiasi condizione di lavoro. Una visione che non ha più motivo di essere e che, comunque, non è più accettata dalle giovani generazioni, disposte a compiere operazioni finalizzate alla produzione, alla logica aziendale, purché la loro partecipazione sia all'insegna di una gratificazione e di un significato sociale, che divengono parti integranti dello stipendio. Se non è così, in breve tempo il lavoro come fatica guidata da un agente carcerario al servizio della proprietà, verrà accettato solo dai giovani dell'esodo, che giungono in Europa o negli Stati Uniti per «sopravvivere».

Ritorna in maniera ancor più forte la distinzione tra sopravvivenza e qualità della vita che, più opportunamente, va definita «ben d'essere».

Bisogna partire però dall'educazione che, lo ripetiamo, è il primo fondamento dell'economia. E non si riduce a distinzioni di settore (dal meccanico al digitale), ma mette al centro l'uomo e i bisogni che egli mostra nel tempo presente.

Anche l'educazione è stata inserita, da quando è diventato compito della famiglia e della scuola di promuoverla, come una fatica, un dovere monitorato e sanzionato, quando chi deve essere educato non s'impegna abbastanza. Il percorso educativo ha assunto il ruolo di preparazione a diventare un lavoratore, con o senza colletto bianco, al servizio di un padrone a cui obbedire, allo stesso modo in cui si deve rispetto agli insegnanti.

L'obbligo educativo nel nostro Paese inizia nella seconda metà dell'Ottocento. Prima si era scelta, come di gran lunga preferibile, l'ignoranza, la diseducazione, che permetteva di disporre di macchine umane giovani e persino bambine, impegnandole con il solo principio dello sfruttamento e del consumo della macchina umana, pronti a buttarla al macero e sostituirla.

Generalmente, con la scuola obbligatoria comincia anche l'attenzione familiare all'educazione dei figli. In precedenza, questa attività era riservata ai ricchi che usavano precettori, distinti nettamente per la parte femminile e maschile. Le famiglie povere della città o contadine non avevano mai avvertito il dovere di educare, semmai tutto si apprendeva per imitazione, che permetteva il conservatorismo della società. Un immobilismo che consentiva alle classi abbienti di mantenere immutato il proprio vantaggio economico. Il padre era assente, impegnato a un lavoro che spesso si sosteneva con l'alcol, vivendo in un clima disumano, con lavoratori guidati a bacchetta. Le madri svolgevano l'unica funzione della sopravvivenza, che consisteva nell'allattamento fino a un anno e mezzo, talora due, e quando il bambino camminava la donna si doveva dedicare al secondo e poi al terzo figlio...

La scuola dell'obbligo era stata preceduta da organizzazioni che erano insorte contro lo sfruttamento nelle fabbriche e contro i grandi proprietari terrieri, ma lo stimolo principale era derivato dall'incremento della delinquenza giovanile e dalla nascita di una sociologia, quella di Auguste Comte, che aveva compreso il bisogno di una società che «regolasse» i comportamenti. Fino a quel momento erano ritenuti automatici, in quanto tutto era riferito (come negli studi sulle anatre selvatiche di Konrad Lorenz) al fatto che il comportamento per imitazione si «stampava» con l'*imprinting*, diventando da quel momento comportamento fissato.

L'educazione non si è organizzata come una condizione per i bambini e gli adolescenti per rispondere alla possibilità di utilizzare le variazioni biologiche della crescita, arricchendo l'ambiente e organizzandole per sviluppare le potenzialità, per tirarle fuori, come dirà più tardi Maria Montessori.

L'educazione consisteva nel «riempire» bambino e adolescente, in modo che il comportamento seguisse le norme imposte dalla scuola e dalla famiglia, con la garanzia che venissero seguiti i principi del potere (che già era coniugato con la ricchezza). Un'educazione come condizionamento, in modo che la società disponesse di macchine umane per produrre industrialmente o nell'agricoltura oppure, in alternativa, per andare in guerra, a conquistare territori che diventavano proprietà del potere.

Le famiglie erano punite, se non mandavano a scuola i figli e successivamente gli adolescenti erano sanzionati, anche con punizioni fisiche, se non obbedivano all'imperio del sistema scolastico, di cui anche gli insegnanti erano vittime.

La parola d'ordine per famiglia e scuola era «sacrificio».

Abbiamo legato all'Ottocento l'inizio del processo educativo, che significava preparare i giovani al sacrificio del lavoro.

Un periodo (soprattutto la seconda metà) che si caratterizza per il «positivismo», che voleva guidare la società con un sapere scientifico. Oggi noi critichiamo quella «filosofia», ma indubbiamente se la si confronta con i principi che dominavano, con la concezione religiosa che definiva l'esistenza una valle di lacrime guidata dal mistero del Cielo, rappresentava una rivoluzione.

Occorre ammettere che il cristianesimo ha permesso con maggiore facilità d'inventare un'educazione come imposizione e, di conseguenza, diventare la premessa per un lavoro come sofferenza.

Il Novecento non ha cambiato questa visione del mondo, sia dell'educazione sia del lavoro. L'ha solo decorata, per renderla accettabile fino alle ultime generazioni.

Siamo già nel secolo Ventunesimo e questa visione si è consumata, non è nemmeno più capita, non c'è spazio per discuterla e, forse, manca il coraggio per poterla sostenere ancora. I suoi principi non possono essere condivisibili da nessun giovane, a partire dal secondo dopoguerra, ma soprattutto dopo gli anni del cosiddetto boom economico che ha visto la contestazione prima e poi i movimenti di guerriglia, intonati alle idee rivoluzionarie, che si sono in parte tradotti nel terrorismo.

È morta così l'educazione della fatica, della sofferenza, del sacrificio, del dovere e si è inserito il principio del piacere, del «faccio ciò che mi piace». Si nota un totale disinteresse per il salario come contratto di dipendenza e una svalutazione del denaro, che non è più l'energia vitale ma strumento per ottenere oggetti di gradimento e partecipare a occasioni riservate ai giovani.

Si è disposti a fare qualcosa purché sia garanzia di soddisfazione, del «mi piace». Prima di tutto non piace lavorare il sabato o la domenica, se quello è un tempo di aggregazione con i pari età.

Gli oggetti graditi si ottengono comunque. È lo stesso mercato che li propone a costi da saldi, secondo il principio di un'economia del *low-costismo* che con 9,99 euro permette persino di giungere in una qualsiasi capitale europea dove facendo il cameriere per qualche settimana, imparando un poco la lingua del luogo, preparando il caffè e potendo incontrare un «amico» servendogli, appunto, un caffè, si costruiscono esperienze interessanti. In una visione che non guarda al futuro, ma al presente, al «tempo reale».

Se si vuole considerare un'economia delle risorse umane giovanili, bisogna cancellare la vergognosa visione del mondo come solo dolore, considerare il ben essere che prevede anche un compenso in denaro, ma non è più un ricatto come condizione *sine qua non* per vivere.

Risulta che il ben essere conta più dello stipendio e che s'impone una percezione in cui l'identità non può essere più solo la professione, una parte dell'esistenza personale e sociale. Anche nello svolgere un compito che sia tecnico e ripetitivo, entra la dimensione umana che si pone in risalto.

La persona è composta da corpo, psiche e relazioni sociali, e il salario che deriva dal lavoro svolto deve includere l'uomo tutto intero, non i suoi muscoli e la sua meccanica.

Oggi è persino impossibile, tenendo conto dell'apporto del mondo digitale e della cosiddetta intelligenza artificiale, separare il lavoro umano da quello dei robot. Uno degli esempi più evidenti è dato dalle segreterie automatiche, che costituiscono una vera offesa alla dignità della persona umana. Devono essere gestite dall'uomo, perché prevedono un incontro, un servizio, che comprende la necessità di un'informazione ma allo stesso tempo di una partecipazione emotiva, quale nessuna macchina robotica è in grado di fornire.

Il riferimento ai giovani non è il solo a esprimere la perdita del significato umano, si possono aggiungere le richieste delle persone anziane, che rappresentano il 25% dei componenti di una società, il loro bisogno di clima umano.

All'insegna dell'umanesimo vanno gestite le strutture sanitarie, dove la paura, le preoccupazioni, il bisogno di essere compresi sul piano psichico, sono dominanti, e rispetto a cui una risposta meccanica non solo risulta inadeguata, ma aggrava la sensazione di non essere considerati umani.

A essere inserita in una funzione lavorativa è la persona, nettamente distinta da una macchina che compie gesti automatici, priva cioè di una qualsiasi comprensione emotiva.

Il fondamento sia del processo educativo sia della posizione sociale, a cui appartiene il lavoro, è la dimensione del «noi», non riguarda l'io preso isolatamente, poiché l'espressione sociale, anche di chi tende all'egocentrismo, ha bisogno dell'altro. Ecco perché, oltre all'operazione specifica richiesta, anche nei lavori più semplici si vive sempre una relazione e da questa dipende l'efficacia finale.

Se una posizione di lavoro prevedesse una coppia e i due non stessero bene insieme, non solo non sarebbe efficace, ma la cooperazione in realtà si trasformerebbe in una, consapevole o inconsapevole, sfida, diventando così addirittura pericolosa. E mai come in questo periodo, gli incidenti e le morti sul lavoro hanno bisogno di essere letti tenendo conto di quanto importante sia la relazione umana tra lavoratori.

La lotta psichica è anche causa di assenze dal lavoro che passano formalmente per malattie del corpo. Si può aggiungere che lavorare per il padrone di un'azienda di cui non si condividono gli scopi e le modalità con cui ha raggiunto il potere, è una condizione frustrante e si finisce inevitabilmente a essere «contro», fino a boicottare l'attività richiesta.

Non è sufficiente la competenza operativa poiché la persona umana, a differenza di un robot, percepisce principi, idee, che appartengono a una visione del mondo. E sono dimensioni che entrano tutte nel ben essere.

La persona umana non può essere riportabile a quell'«arto» che compie automaticamente gesti meccanici.

Si potrebbero moltiplicare gli esempi che attengono al lavoro e alle professioni e si giungerebbe sempre più a sottolineare i «fattori» del comportamento umano che – come già abbiamo detto – emerge dalle funzioni del corpo (biologiche), da quelle mentali e dall'ambiente sociale, in cui rientra anche il lavoro. Sorprende quanto sia ancora dominante la riduzione dell'attività lavorativa, qualsiasi sia il tipo, alla sola funzione tecnica, come fosse possibile ridurre l'uomo alla condizione gestuale e meccanica, come se la ricchezza della persona umana sparisse, entrando nel mondo del lavoro.

Considerazioni non molto diverse riguardano l'educazione. Non può più trattarsi di un processo che ammaestra i giovani a diventare dei lavoratori. È stata questa la spinta del periodo industriale nell'Ottocento e la più esplicita dimostrazione sta nelle scuole gestite dalle aziende. In molti casi sorgevano istituti, religiosi o pubblici, a indirizzo tecnico, con distinzioni specifiche guidate sempre dalle aziende, che assumevano così lavoratori già addestrati.

In alcune città, come Verona, in cui era molto attivo il

settore della stampa, erano nate su interventi aziendali le scuole gestite da istituti religiosi come il Don Mazza, il Don Calabria, che avevano introdotto nella formazione scolastica la tecnologia delle macchine a stampa rotocalco, di quelle da composizione tipografica, realizzata allora con il piombo fuso, che gli studenti avrebbero trovato nell'azienda, una volta completato il percorso tecnico. Lo stesso principio è valso anche per i «colletti bianchi» e per le scuole commerciali.

L'educazione ha il compito di «insegnare a vivere», che vuol dire sviluppare le proprie doti, le caratteristiche fisiche, i desideri, per un adattamento nell'ambiente sociale in cui ci si trova a vivere.

Il termine «adattamento», *fitness*, è usato da Darwin non in un senso passivo, ma come orientamento a inserirsi da piccolo protagonista nel mondo. Ha cioè un significato antitetico al riduzionismo di un'educazione che si pone al servizio di un lavoro, anziché di educare per la vita, che deve presupporre la flessibilità, le modificazioni di personalità che, per l'uomo, sono legate alle esperienze. E sono funzioni che non contengono nulla di deterministico.

L'educazione tende a scoprire le basi individuali per la costruzione di uno «stile di vita» che si esprime con gli altri, nell'insieme sociale. Tende cioè a considerare le prospettive, osservando il comportamento di ciascuno. Non si tratta di costruire artificiosamente una modalità di essere, per poter venire «usati» nella produzione industriale o in quella artigianale.

L'«e-ducazione», lo ripetiamo, è un «tirar fuori», non un riempire. Il principio deve essere la creatività, poiché è la via per potersi esprimere con passione, con un impegno che trova gratificazione, che è una parte dello «stipendio», o del nuovo termine, che meglio dovrà descriverlo.

L'educazione è rivolta alla vita nella sua ricchezza e lo sguardo deve essere indirizzato al futuro.

Il tempo presente, tra l'altro, non permette di insegnare alcuni lavori, quando la corsa alle tecnologie, i risultati della scienza e l'allargamento degli spazi operativi, rendono difficile ogni previsione di quali saranno le richieste per svolgere delle attività sociali. Qui, non si tratta di fare filosofia sul «tempo che passa», è sufficiente osservare come il computer digitale abbia modificato la maggior parte dei parametri esistenziali.

Educazione deve guidare all'osservazione e allo studio dell'ambiente e della natura. È incredibile verificare ogni giorno quanto poco si conosca del luogo in cui viviamo, e dentro la natura si nascondono ancora segreti che possono favorire le capacità dell'uomo e la difesa del patrimonio.

Educazione vuol dire scoprire la bellezza delle cose che ci circondano e che nemmeno si notano più. Una bellezza che non appaga solo il mondo delle idee, del pensiero, ma genera serenità e un senso di appartenenza al bene, mentre il male che domina nel nostro tempo è espressione della mostruosità.

Dentro la natura è compreso l'uomo, che deve rispettare le cose e gli altri viventi. Non è una «valle di lacrime», ma un «paradiso della terra» che proprio la mancanza di educazione porta a distruggere con le guerre, sempre sostenute dal potere e dal denaro.

In questa visione dell'educazione, come è possibile ridurre la scuola a un organismo che giudica ogni giorno le azioni compiute dagli studenti e punisce con le note di demerito o con le bocciature? Se l'educazione deve insegnare a vivere, la bocciatura significa condannare a morte.

Come è possibile che con tanta psicologia non si sia ancora capito che con un giudizio negativo, una punizione che si ripete, un bambino e un adolescente non possono frequentare volentieri quella scuola e finiranno per non seguirla attivamente e legarsi agli asini e ai bocciati, per costruire i gruppi di consapevole protesta?

Il dramma del 20% di abbandoni scolastici è un'intrinseca conseguenza di una scuola che vuole uniformare, omologare, tradendo i principi che dovrebbero, invece, aiutare a crescere. Ed è davvero difficile promuovere la stima di sé, giudicando continuamente e in modo negativo comportamenti che esprimono soltanto difficoltà a cui si dovrebbe, semmai, cercare di dare aiuto.

Come è possibile che una scuola dell'obbligo preveda la bocciatura, condizionando la vita nel gruppo dei pari età e in famiglia, sulla base di un teorema di matematica o della grammatica italiana? Come si può pretendere che quel ragazzo torni a scuola, se si aspetta una dose quotidiana di giudizi negativi che comunque interpreta come giudizi su di sé come persona? Anche in questo caso, è come se venisse ridotto a una macchina, che deve saper compiere i gesti voluti dall'istituzione pubblica e riportati in stupidi regolamenti che rendono gli studenti dei burattini e gli insegnanti obbligati a fare i burattinai.

Le considerazioni sull'educazione e sul lavoro in una dinamica unitaria, per l'economista del denaro, appaiono fuori luogo nel senso di ritenerle giustificate, ma appartenenti a discipline differenti. Ed è invece questa sorpresa a porre l'economia del denaro come una maniera parziale e per questo inadatta ad affrontare concezioni che fanno parte della cultura, in un tempo come quello presente in cui il denaro non è più il personaggio in grado di esaurire i bisogni dell'esistenza. Ne rappresenta un mezzo importante affinché la sua funzione si inserisca in un'analisi dei bisogni, delle idee, e persino dei desideri. Entri in una pianificazione come condizione perché il denaro, come mezzo, possa svolgere il compito della operatività.

Se l'economia non parte dalla profonda valutazione delle scelte, il denaro si limiterà a promuovere lo spreco.

Deve essere chiaro che uno strumento operativo non può mai diventare fine, rimane un mezzo, in questo caso per la soluzione dello scopo, rappresentato dall'educazione e dal lavoro.

Nel campo dell'educazione, il fine da raggiungere sono le visioni del mondo, e per l'ambito delle professioni, bisogna considerare gli allievi e «leggerne» le doti, i desideri, le condizioni che possono trasformare l'educazione in esperienze formative, vissute come tempo impegnato perché piacevole e interessante.

Occuparsi di queste dimensioni è proprio di un'economia, intesa come una disciplina, che sa programmare e realizzare la soluzione dei temi sociali, poiché li conosce. Credere nella frammentazione e separazione dei compiti porta agli sprechi e ai disastri che dominano l'economia del denaro, come disciplina che lo distribuisce ai ricchi, senza nemmeno avere consapevolezza e conoscenza profonda di ciò che il denaro dovrebbe, come strumento, realizzare.

Nella nuova strategia non sorprende che si possa parlare di un'economia della «generosità» e non dello «spreco», dell'accoglienza e della partecipazione. L'educazione e il lavoro devono tenere conto di tutte le esigenze che il tempo presente esprime rispetto al passato, inclusa quella dei giovani stranieri, gli extracomunitari che, gestiti con il foglio di via, giungono alla clandestinità, ai furti, a diventare portatori di malattie che, non potendo essere curate, si fanno contagiose.

Con questi errori ci si rende conto che anche la sfera delle punizioni carcerarie è parte dello stesso tema dell'educazione e del lavoro delle nuove generazioni. Abbiamo bisogno di un'economia del bene, non di una falsa disciplina che si arricchisce di esperti dell'imbroglio, dell'evasione fiscale, e di avvocati che si servono delle leggi per insegnare la maniera più sicura per evadere.

Per esprimere un solo aspetto di questo principale problema sociale, ci si può riferire ai «luoghi» della scuola. Se si riducono a delle aule, riempite di banchi in cui restano chiusi i bambini e adolescenti immobili per cinque ore di seguito, una posizione che impedisce gli incontri, gli scambi, le relazioni tra di loro, come è possibile parlare di interazione, di cooperazione in gruppi di studio come criterio di approfondimento e di futuro lavoro?

Se questi sono luoghi della divisione, in cui gli insegnanti devono impedire che uno copi, che non si scambino ipotesi di soluzione di un problema, che si tengano gli smartphone fuori dell'aula, mentre per tutto il resto del tempo non scolastico sono appendici da cui traggono informazioni, come possono prepararsi alle dinamiche sociali in cui, ormai, sono inserite anche le professioni più tradizionali?

Non esiste più il medico isolato, ma si opera in équipe, talora in presenza diretta, talora attraverso contatti mediati dagli strumenti di comunicazione. Persino l'avvocato, che era il simbolo dell'individualità professionale, opera oggi nei cosiddetti studi associati.

Sono esempi per mostrare che un'economia dell'educazione e del lavoro non può ignorare queste rivoluzioni, rispetto alle tradizionali modalità operative. E la stessa professione dell'insegnante non può ridursi a professori che non collaborino e che non prevedano esperienze didattiche in cui gli studenti sono associati.

Se da uno studio legale si togliesse oggi Internet, chi ci lavora non riuscirebbe a operare, allo stesso modo per cui un aeroporto, privato del computer digitale, non riuscirebbe a consegnare i biglietti per l'imbarco e a separare i bagagli diretti a Roma da quelli per Sydney.

Come è possibile allora che la scuola si muova in luoghi dell'irrealtà e le classi riportino al passato, promuovendo una lotta per inventare una graduatoria del merito? L'esistenza è parte di una disciplina sociale, che implica l'insieme. Una comunità in cui non sia più possibile distinguere il privato dal pubblico, semplicemente perché non esiste un privato che non si rifletta sulla dimensione e, persino, sui conti del pubblico.

L'esempio riguarda addirittura l'eros e la sessualità. La scuola deve educare alla scoperta, alla creatività, alla fantasia e tutto questo diventa gioco, scambio.

La ricerca scientifica è esattamente questo, per contribuirvi bisogna sapere che cosa stiano facendo gli altri ricercatori, leggere le riviste scientifiche, partecipare ai convegni, dove si parla l'uno con l'altro e si torna con idee che nascono, appunto, dall'aver condiviso i propri interessi di ricerca con gli altri.

La classe è il riferimento per insegnare, educare. Occorre fare una netta separazione tra informazione e conoscenza. Sono inutili le lezioni da tenersi nel più rigido silenzio o che danno solo informazioni che oggi si trovano cliccando, seguendo documentari o racconti preparati con video di ben maggiore efficacia. Occorre insegnare, mentre la classe «lavora» insieme, senza la figura dell'insegnante che assuma le funzioni del poliziotto.

Il luogo della scuola deve favorire l'attività di gruppo: rappresenta la grande occasione per scambiare idee, risolvere problemi e attivare l'empatia, l'appartenenza.

Educazione e lavoro sono parte dell'esistenza come fenomeno sociale. Abbiamo fatto qualche riferimento da cui risulta che perfino gli eremiti vivono in luoghi in cui esiste la preghiera in comune e, soprattutto, godono della presenza del trascendente.

Nel gruppo il «risparmio» diventa un principio di rispetto verso gli altri, mentre domina ancora l'idea del «mio», destinato al «mio» futuro. Il futuro è nell'insieme, ed è ridicolo misurarlo con i riferimenti della finanza: il futuro sta nella capacità di vivere insieme e di cooperare. Si fonda su una visione del mondo e sulla capacità di affrontare, oltre alle difficoltà, le scoperte e la straordinarietà della vita.

Gli indici dell'educazione sono dati dallo sviluppo del «noi», non del PIL. Il lavoro futuro dipende dalla voglia di vivere, che è legata agli altri per il bisogno che l'uomo ha dell'altro. Il lavoro deve permettere di vivere bene, nella sicurezza e nella continuità.

Gli indici del vivere bene insieme non sono legati ai bond, ma all'onestà, non all'imbroglio, ma alla vita di comunità e non alle divisioni in clan economici, alla separazione tra il potere e la povertà (che equivale a non contare). Dipendono dall'autenticità, che è la vera radiografia del singolo, per riconoscerne la capacità di collaborare con gli altri.

Il denaro entra solo come parte della gratificazione,

che ha il senso del rifiuto di dipendere da chi si debba considerare più potente.

I legami, che ciascuno stabilisce con le persone di valore, si caratterizzano per l'affettività, che significa fiducia, rispetto per l'autorevolezza, che non dipende mai dal denaro ma dal sapere, dal senso della piccola storia, da ciò che uno ha fatto, dalla credibilità di chi sa vedere il futuro della comunità, non il proprio. E ha pertanto capito che l'io mantiene il significato solo dentro il noi.

Vale lo stesso per la «libertà», che è un'espressione in funzione delle regole e ancor prima dei «principi primi».

Deve ritornare con forza la parola «cultura», come atmosfera entro cui si svolgono l'educazione e il lavoro. Cultura deriva da *colĕre* (coltivare) e ha lo stesso significato di «cura», quella dell'agricoltore che si adopera perché crescano le piante, le erbe, e fruttifichino. È un termine dinamico che riguarda i giovani, ma anche gli insegnanti, i genitori.

Ed è bello constatare che le persone colte hanno consapevolezza di non sapere mai abbastanza. Sono solo gli idioti che ritengono di non avere mai nulla da imparare e conoscere. Il potere è arrogante nell'ignoranza.

Riferendoci all'economia della scuola abbiamo sottolineato la dimensione dei «luoghi», forse perché li si considera di meno, nonostante ormai sia diventata una comune percezione che il comportamento è profondamente legato all'ambiente, non solo naturale ma anche architettonico, in cui si opera. È altrettanto importante l'attenzione che meritano gli insegnanti, per fare in modo che anche i loro bisogni, le loro capacità, i loro desideri non vengano ignorati.

Appare quasi ridicola la posizione immobile dell'insegnante, seduto alla cattedra, perlopiù un tavolo logoro e vuoto.

Talora, gli stessi insegnanti avvertono paradossalmente la condizione che vivono i loro studenti, rispetto ai criteri che si attivano fuori della scuola.

Il minimalista

«Benvenuto, Giacomo. È una sorpresa!»

«Spero piacevole, nonno.»

«Per chi ha raggiunto la mia età, e la vecchiaia è piuttosto monotona, ogni fatto imprevisto diventa stimolante, ma credo che la tua visita abbia la capacità di farmi contento. Grazie di essere venuto. Tuo padre mi ha detto che hai lasciato l'università. Significa che anche la facoltà che avevi cambiato recentemente non ti interessa molto?»

«No, è proprio l'università come sistema che non mi sembra soddisfare le motivazioni che mi hanno spinto a cambiare da una facoltà tecnica a filosofia. Vedi, nonno, si parla solo di esami, di dispense, per poter conoscere quali siano gli argomenti su cui il professore interroga... Una serie di condizionamenti, prima ancora d'iniziare a prepararsi, a leggere, a studiare e allora ho pensato che dovevo rispondere alle mie motivazioni leggendo le opere dei filosofi che avvicinavo via via, per impegnarmi a capire il pensiero loro e di altri, di cui non so nulla. Non mi pare che all'università si respiri un'atmosfera diversa rispetto al liceo, con l'ossessione delle verifiche e di strategie tese, per ogni materia, ad accentrare gli interessi personali dei diversi docenti.»

«Capisco questa tua percezione e ciò mi fa credere che uno studio troppo schematizzato e finalizzato all'esame e non a un sapere critico abbia invaso ormai ogni aspetto del sapere. Viviamo seguendo regolamenti, stando attenti a non infrangere le leggi, a pagare le bollette per acqua e luce, sotto continuo controllo poiché nessuno si fida dell'altro e tutti siamo presi di mira da nemici che, magari, nemmeno conosciamo. Ma vedi, Giacomo, occorre tenere conto che se non ci s'inserisce in qualche buco della società, in un lavoro produttivo del privato o dei servizi pubblici, non si ha il denaro per vivere. La nostra famiglia storicamente non fa parte di quelle ricche che qualsiasi cosa facciano, anche nulla, navigano sempre nell'oro. Ed è così che mio padre, io, tuo padre, abbiamo faticato per guadagnarci la vita... Una brutta espressione forse, ma molto concreta.»

«Nonno, non sono convinto che sia un destino per cui alcuni debbono, per generazioni, dedicare la propria vita al lavoro. È un'espressione tragica. Io mi sono convinto di aver bisogno del denaro, ma non di una quantità tale che comporti oscurare il senso del vivere. Bisogna partire dall'idea che il denaro è una "droga": se ne diventi dipendente un poco, è sicuro che vivrai per il denaro. Da una parte ci sarà chi accetta qualsiasi lavoro per un po' di denaro, dall'altra chi avverte la "pulsione" ad averne sempre di più, anche quando non svolge una funzione vitale e anzi, la impedisce.»

«Capisco adesso perché tu abbia lasciato filosofia. Forse hai scoperto l'arte di vivere...»

«... Non credo. Posso però dirti che vivo senza preoccuparmi di vivere. Mi trovo su questa terra e ho moltissime curiosità sul mondo, sull'uomo, su me stesso. L'unica cosa certa è voler vivere poiché trovo che sia molto bello, anche se non sono adagiato su un *tapis roulant* che mi trasporta a conoscere Paesi diversi, a vedere volti segreti della natura. Mi piace conoscere gente, la parola giusta è curiosità, che esprime un motore esistenziale, senza fili, senza condizionamenti, e senza invidiare quanti posseggono denaro e come lo impiegano...»

«Adesso, Giacomo, insegnamelo, perché anche un vecchio può imparare una via più semplice di quella che sta percorrendo ed è disposto a cambiare, perché la vecchiaia non è veramente l'età del Paradiso...»

«... Nonno, io sono, credo di essere un "minimalista", un titolo che non si lega a una laurea. Non sono allievo di nessun maestro, ma cerco semplicemente di adattarmi nella società del tempo presente, accettando legami affettivi essenziali, senza vendermi a nessuno per i trenta denari di Giuda. Non ti darò la definizione di minimalista, che non esiste anche se potrei tentare di formularla, ma con la certezza che ogni definizione è un pressappoco, preferisco portarti un esempio. Da alcuni giorni non vado più all'università e non dedico il mio tempo ad ascoltare, dagli studenti più anziani della facoltà, le strategie per superare gli esami, tenendo conto di ciò che piace agli esaminatori e facendo credere così di essere preparato. Tutto questo, seguendo la legge fondamentale per l'economia, e il famoso imperativo di "ottenere il voto più alto con il minimo sforzo e nel tempo più rapido". È una di quelle fasi in cui mi sento un po' a disagio e ho pensato di venirti a trovare e dirti che tra qualche giorno partirò seguendo la curiosità e spostandola dall'università, che non mi stimolava in alcun modo, a qualcosa che non conosco. Ci sono infinite cose che potrei visitare e conoscere.»

«E dove vai, Giacomo? mi pare che tu sia venuto a salutarmi...»

«Nonno, non lo so. Andrò all'aeroporto e salirò su un aereo all'ultimo momento, quando si apre lo *stand-by*. Chiuse le accettazioni, poco prima che vengano accesi i motori, si assegnano i posti che sono rimasti liberi a prezzi che partono dai 9,99 euro fino ai 19,99 euro. Generalmente, la prima tariffa è per i voli nazionali, la seconda per quelli internazionali che comprendono le destinazioni europee, ma anche intercontinentali. Lo *stand-by* è una delle strategie economiche per le compagnie aeree. Riporta credo alla massima per cui, per fare un milione di dollari, devi partire da un dollaro. Giunto all'aeroporto, mi sistemo nella sala delle partenze davanti al grande tabellone che indica voli in arrivo e in partenza. Vi è un particolare segno per i voli che hanno attivato lo *stand-by*. Devo essere soltanto rapido nel prendere la decisione, per arrivare in tempo al *gate* della partenza e senza che siano molti ad aver scelto il mio stesso volo. Si conosce comunque il numero dei posti disponibili. Può succedere che sia meglio cambiare destinazione, andando in una fila di *stand-by* che garantisca la partenza.»

«Se ho ben capito, Giacomo, potresti andare a Londra, ad Amsterdam o con 19,99 euro a New York?»

«Proprio così e sono certo che, adesso, mi farai la domanda di che cosa ho messo nel bagaglio. Ti risponderò da minimalista: spazzolino da denti, dentifricio, rasoio elettrico, perché non amo farmi crescere il pizzetto, né coprire con una selva il volto, e il computer. In sostanza, ho un bagaglio a mano necessario per lo *stand-by* ed è possibile che all'arrivo mi serva qualcosa, penso al clima. Ti posso garantire per esperienza che si può trovare un supermercato dappertutto, con saldi prodigiosi, per comperare un paio di scarponi oppure i sandali. Tieni conto che comunque vado in aeroporto vestito.»

«Giacomo, un po' di denaro ti serve. Te lo darà tuo padre e dopo questa descrizione, ti darò qualcosa anch'io.»

«Se lo farai, non li rifiuterò per educazione. Nel caso di mio padre c'è un contratto economico, poiché mi ha fatto notare che non occupandomi di niente – perché studiare è la mia professione – sarebbe troppo comodo essere foraggiato da un padre che lavora dalla mattina alla sera. Quindi, da minimalista, gli ho detto che non solo non ne ho bisogno, ma se farà l'errore di volermi dare degli euro, li rifiuterò. Ma rispondo adesso a una tua domanda, anche se non l'hai ancora espressa. Per il *low-cost*, o meglio per una vita da minimalista, non disdegno affatto di occuparmi in qualche servizio retribuito. Non so dove sbarcherò dall'aereo, supponiamo sia Londra, dove sono già stato. Raggiunta l'area della città di maggior interesse turistico, entrerò nel primo pub e chiederò se hanno bisogno di un cameriere italiano che conosce abbastanza bene, come sai, anche il francese. E già da come ti presenti valutano il tuo inglese, che non sarà quello di Cambridge, ma più che sufficiente a cavarmela. È un lavoro che m'incuriosisce, lo posso lasciare quando voglio, e sicuramente non appena abbia raggiunto quel minimo necessario per poter avere un luogo dove riposare la notte e durante il giorno, a seconda degli orari di lavoro. A Londra esistono una serie di possibilità che permettono di fare denaro nella quantità che ti serve. Gli italiani sono, tra l'altro, ricercati. Forse ho esagerato nel definirlo lavoro ma, comunque, è una occupazione transitoria che m'incuriosisce, permette di conoscere e servire a tavola molti italiani, turisti a Londra che, per qualche motivo, sono generosissimi in mance, a Londra obbligatorie, che si aggirano sul 10% della consumazione al tavolo. La concezione minimalista è di lavorare per un proprio utile, che chiamerei necessario, e non per il profitto che è del padrone, al quale spetta una strategia diversa che è quella del colonialista: meglio comperare un servo e non pagarlo mai.»

«Giacomo, sono diventato un po' triste poiché ho associato questa tua descrizione alla povertà...»

«Nonno, non sono ricco, e non lo voglio essere, ma non sono nemmeno povero e non lo voglio essere. Se tu mi vedessi a Trafalgar Square a chiedere l'elemosina, non ti dovresti rattristare perché certamente anche quell'esperienza, a tempo determinato, è di grande significato. E statisticamente, permette di fare da 15 a 20 sterline l'ora. Si è scoperto che un giovane perbene che chiede l'elemosina scatena il senso di colpa, che viene tacitato, a partire da un *quarter*. Poi vedi, nonno, a me piace filosofia e quindi leggo e riesco a comprare i libri, magari di seconda mano, i *remainder*. In questa vita, che segue il principio dello stimolo-risposta, non vi è la programmazione, il risparmio, i versamenti pensionistici che inducono, invece, il bisogno di guadagnare non per il presente, ma per un futuro che nemmeno tu, credo, potresti aiutarmi a definire con certezza. Ti voglio aggiungere che, se il volo fosse per Londra, giunto a Heathrow, andrei subito a Victoria Station con la metro e mi recherei a Cambridge. So che è possibile entrare nelle aule universitarie senza bisogno di tesserini, cercherei l'aula dell'istituto di filosofia teoretica, per seguire le lezioni sui limiti della ragione e sull'errore strutturale del procedere scientifico. Ti devo anche confessare, forse perché amo i libri, che mantengo un segreto desiderio di poterne scrivere qualcuno. Se il libro è un'espressione della cultura, non si può affermare che io non ne sia attratto e che in piccola misura non ne sia partecipe. Ma anche in questo caso non credo sia necessario appartenere all'istituto universitario, semmai lo è provare interesse a conoscere, a voler comunicare ciò che sembra rappresenti una tua piccola scoperta o semplicemente dei pensieri che ti sono venuti leggendo libri, e conoscendo così persone che giungi a stimare. Internet, o meglio, i computer digitali, sui quali si fanno giudizi talora drastici, permettono di costruire nello spazio virtuale una tua biblioteca. Gli e-book costano poco e te li porti sempre appresso. È vero che il mio bagaglio è molto limitato per le cose materiali, ma pensa che viaggio portandomi dietro una biblioteca personale, che credo sia composta di 300-350 volumi. Inoltre, questo straordinario compagno di viaggio, il computer, permette a ciascuno di comporre un libro e pubblicarlo, di farlo conoscere sempre attraverso la rete, nella quale ho il mio piccolo spazio. Non mi servirebbero per farlo il giudizio e i suggerimenti del direttore del dipartimento di Filosofia che forse, ne leggerebbe qualche pagina per essere sicuro che contenga le sue idee e vengano citati i suoi libri. Non si deve poi dipendere da un editore al quale, del volume, non importa nulla e semplicemente ne vede una traduzione in denaro, anche se non si tratterà di grandi cifre. Vale anche per l'editoria il criterio del *low-cost*: stampare tanti libri a basso prezzo, per giungere a fatturati consistenti. Della cultura, a un editore non importa nulla, così come, per le compagnie aeree o i FlixBus, il significato profondo di un turismo che generi conoscenza non rappresenta un tema della loro capacità di movimentare la gente, portandola di qua e di là. Se ami la filosofia e vuoi un giorno provare a esporre i tuoi pensieri, è proprio necessario entrare in un istituto universitario, accettarne i condizionamenti che progressivamente portano a costruire un libro, raccogliendo pezzi di pensiero di quei tali che occupano posizioni di rilievo per la carriera universitaria? No, perbacco, si tratta di un vero ricatto della dipendenza non da maestri, ma dai potenti dell'istituzione.»

«Ti prometto che mi avrai come lettore, perché già la mia fantasia gira attorno a quali considerazioni o a quale tema specifico analizzerai e proporrai il tuo pensiero. Ai miei tempi, vedi, Giacomo, la motivazione a stampare un libro, che vuol dire dargli un peso, trasformarlo in un oggetto che occupa spazio, comprendeva anche la dimensione di contribuire alla "verità", di cui il trattato pubblicato era, quantomeno, un mattone definitivo e valido per tutti. L'alternativa a questa motivazione era di entrare nella morale, affermando principi-guida del comportamento, mostrando i benefici non tanto per chi l'aveva scritto, che si presupponeva essere d'esempio, ma per migliorare la società. Ed ecco l'ambito delle fantasie che io sto costruendo sul libro di mio nipote, perché conoscerò i principi (verità) del suo comportamento (morale). Ma ecco invece il dubbio e la domanda: mi pare che il minimalista non abbia principi, che sia un buon conoscitore degli elementi sociali in modo da riuscire a programmare una esistenza senza denaro o, forse, farà parte di un'economia "minimalista", che nega l'economia "massimalista"...»

«... Nonno, evita gli sforzi teorici ma permettimi, solo per gioco, di mostrarti che tutti i principi sono giochetti di una macchina interessante, costituita dal cervello umano. Un minimalista non afferma di essere senza principi, significherebbe sostenere di avere come principio l'assenza di principi. Io sono affascinato dalla vita e non è un principio, ma una constatazione, meglio, è una cognizione che esperimento in ogni momento. E il mio comportamento tiene conto del luogo dove mi trovo, dei bisogni che avverto e credo non siano principi, ma m'interessa conoscerli, non definirli. Se avverto la fame, non m'importa che cosa sia "in principio", ma mi attivo per procurarmi qualcosa che plachi questo bisogno. Non considero nemmeno se esista un modo vero per farla passare come la dieta ma, tenendo conto di dove mi trovo e di ciò che ho, con qualche euro risolvo il problema. Per quanto riguarda la verità, non so nemmeno che cosa voglia dire, ma ti confesso che non ho mai sentito il desiderio né di conoscere, né di risolvere, questo tema. Da questo deduco empiricamente che non serve a vivere. È un artefatto della filosofia, della morale che non considero argomenti a cui dedicarmi, mentre ho cose che m'interessano di più. Evito di raccontarti comunque che ormai, da almeno 70-80 anni, persino la scienza non è considerata la via per giungere alla verità assoluta: san Tommaso riteneva che con la ragione si giungesse persino a Dio. Gli scienziati oggi considerano la ricerca non come la via che conduce alla verità, ma alla correzione di un "errore", precedentemente ritenuto verità. Nonno, l'esistenza non è fatta di verità, semmai di errori, che però non hanno niente di assoluto, ma sono i tuoi errori nelle condizioni in cui ti trovi a vivere...»

«Giacomo, ho capito. Le tue curiosità riguardano gli

affetti come guida del comportamento e dunque il tema è quello del comportamento, come relazione.»

«Sei un nonno curioso e di questa tua intuizione ciò che a me pare di condividere (tieni presente il continuo riferimento al "mi sembra", "forse..."), in questo momento e qui, seduto davanti a te, è che i legami rappresentano delle scelte nel *qui e ora,* danno un colore più vivace all'esistenza. Rispondo a una domanda che hai sulla punta della lingua: non ho, come si dice, una ragazza. Partirei volentieri con lei se l'avessi, ma non mi sento forzato a trovarla, allo scopo di fare insieme il viaggio, anche perché nel luogo in cui il *low-cost* mi trasferirà, non è escluso, ma nemmeno certo, che ne incontrerò una. Sicuramente non due, poiché mi sembra già complicato stare con una. La risposta alla domanda che non mi hai fatto è che credo che non mi sposerò mai. È inutile, anzi dannoso. Meglio vivere insieme, fino a che lei m'incuriosisce e io incuriosisco lei. Se avessi sottoscritto un contratto, ci troveremmo nei guai, ma la cosa che mi pare più assurda sarebbe sottoscrivere un contratto per un insieme che manca delle certezze, che sono affettive e non razionali. Ergo, a me sembra che il matrimonio sia inutile all'affetto... Ma tu adesso penserai ai figli, alla bellezza del generarli. Sono molto interessato a scrivere forse un libro, ma non a fare un figlio. Nella dimensione di padre, cadrei in una profonda depressione al solo pensiero di quel povero ragazzo a cui capita un padre così. Oggi potrei fare il nonno, ma mi pare non sia possibile diventare nonni senza prima aver imparato il mestiere di padri, e senza aver generato figli...»

«... Giacomo, anch'io devo usare il "mi pare", mi

sembra ti piaccia viaggiare, ma che cosa ti stimola, quale specifica curiosità?»

«Vedi, nonno, è talmente importante il luogo in cui si vive, da dirti che io sono diverso, a seconda di dove e con chi mi trovo. È come se conoscessi aspetti nuovi della mia personalità e, certamente, la novità genera curiosità. Forse sei d'accordo che l'abitudine promuove monotonia, stanchezza. Ancora una volta, viaggio come modalità esistenziale. Se pensavi che lo facessi per l'arte, ti deludo. Supponiamo che tra qualche giorno vada a Parigi, ti sembra possibile che corra a vedere la Tour Eiffel? Una piramide di ferro che trovo sullo smartphone e che mi pare poco interessante, se non ci fosse una vera e propria suggestione con motivazioni per il turismo... Della Tour Eiffel non m'importa. Ti aspetti che corra subito al Louvre e mi metta in coda per osservare a cinque metri di distanza il sorriso di Monna Lisa? Se vuoi vederlo da vicino, lo guardi sul computer e risparmi il metterti in fila. No, Parigi è interessante se attiva delle esperienze esistenziali di qualsiasi tipo, può accadere che un pittore di strada mi accenda la curiosità più che una delle tante ricerche sul sorriso di quella donna, di cui si sa ancora poco. È un peccato che i riferimenti che ti ho portato e molti altri facciano parte di "pacchetti" culturali. A Parigi si attivano stimoli vitali, le piccole librerie, l'atmosfera letteraria di un caffè e certo, dopo qualche settimana di vita a Parigi, mi ritorna la voglia di essere a casa oppure di recarmi in Cina.»

«Ti piace la Cina?»

«Nonno, a te non piace, credo, anche se non mi risulta che tu ci sia stato.»

«Giacomo, c'è Xi, amico di Putin, con il quale vuole distruggere l'Europa...»

«... Nonno, vuoi che ti ricordi i politici che sono a Roma? Nonno, ciò che conta è vivere e adesso ti saluto. Ricordati, nonno, che in Cina ci sono moltissimi monasteri, posti in luoghi incredibili, appesi su pareti di roccia, antichissimi e sembrano cadere fra un attimo...»

«Dimmi, Giacomo, ma il movimento minimalista che dimensioni ha?»

«Ciao, nonno, ti voglio bene...»

«Anch'io, tanto!»

Il bendessere, la disciplina per promuovere il bene

Il bene essere nella nostra lingua si scrive anche *benessere*, *ben d'essere* e persino *bendessere*. Quest'ultima maniera, se non avesse la pretesa di diventare un neologismo, sarebbe un errore di ortografia.

L'ho introdotta nel 2016 e vi ho dedicato un volume, *La nuova disciplina del bendessere*: *vivere il meglio possibile* (Marsilio).

L'osservazione di partenza è stata la distinzione tra «togliere il male», la malattia, che è il compito storico della medicina, e il «promuovere il bene», che diventa così il compito del bendessere, sul fondamento che appartiene alle dinamiche dei comportamenti. Si afferma, in tal modo, che togliere il male non equivale a promuovere il bene, un fine che si raggiunge attraverso una serie di interventi specifici.

Non si tratta di una distinzione soltanto teorica, ma nel tempo presente corrisponde a un bisogno sempre più diffuso tra persone che si possono definire prive di malattia, ma che chiedono di poter vivere almeno «un poco meglio». Al contempo, si osserva come di recente siano state introdotte una serie di tecniche, per definizione rivolte al *well being* (al ben essere), dal jogging fino alla meditazione trascendentale.

È dunque chiaro che anche chi guarisce da una malattia può affermare nel linguaggio corrente di star bene perché è guarito, ma il significato di questo bene è «mancanza di male», rispetto al bene come «qualità dell'esistenza». Tra le due condizioni esistenziali si frappone addirittura un abisso.

La «disciplina del bendessere» riguarda l'individuo, nella sua dimensione completa, potremmo dire dell'uomo «tutto intero», a differenza dell'intervento della medicina che è rivolto sempre a un organo: il cuore di cui si occupa il cardiologo, il cervello che è l'organo del neurologo, e si può proseguire, seguendo le innumerevoli specializzazioni mediche e chirurgiche esistenti, fino a un'ulteriore frammentazione aggiungendo la geriatria che si volge ai pazienti sopra i 65 anni e la pediatria a chi ne ha meno di 18.

Il *bendessere* si fonda sulla dimensione olistica dell'uomo, quindi il ben essere riporta all'esistenza.

In questo senso è possibile applicare la nuova disciplina anche a coloro che soffrono di un qualche male organico, allo scopo di attivare possibili sistemi di promozione del bendessere. Un esempio è quello dei malati di tumore che, seguiti dall'oncologo, sono sottoposti alle terapie specifiche, mentre l'operatore del bendessere vedendo sempre l'insieme, si riferisce alle tre componenti del comportamento, cioè il corpo (biologia), la personalità (psiche) e l'ambiente (naturale e sociale). Sono queste le tre dimensioni per promuovere il bene. Un bene che, lo ripetiamo, va considerato in positivo, non come eliminazione di un male, come s'intende in medicina, o perché non c'è più il dolore al ginocchio, o una polmonite che rendeva difficile respirare, oppure è stato eliminato il tumore.

Dimensioni che hanno un'influenza reciproca, come ci si aspetta da ogni unità che sia composta di parti. Si applica il concetto di circolarità per cui, promuovendo la salute del proprio corpo, l'effetto si riflette anche nell'ambito della psiche, sull'«io corporeo». Analogamente, se viene promosso un migliore adeguamento all'ambiente (gratificazione), questo risultato si rifletterà sulla dimensione psichica e da questa sulla corporeità.

La disciplina del *bendessere* tra le modalità di promozione si riferisce al corpo, usando sostanze «naturali» che migliorano la funzionalità degli organi. L'esempio è quello delle tisane, degli estratti di erbe, che non entrano nella categoria dei farmaci intesi come molecole specifiche per la cura di un disturbo. Una tisana alla camomilla può promuovere una visione di maggiore serenità, un tè indiano può infondere un tono che dispone ad affrontare meglio un ostacolo e in tali casi l'effetto benefico, oltre al contenuto in teina, erbe o fiori, caffeina o infusi aromatici, lo si deve a percezioni che riguardano l'Io e non un suo organo.

Il riferimento al fattore somatico va alla «nutraceutica», come contrazione dei due termini «*nutr*izione» e «farm*aceutica*», che studia l'azione tra salute e sistemi nutritivi: le diete.

Un interesse che fa riferimento a tradizioni antiche, secondo cui gli alimenti contengono una forza, uno spirito, che permette alla «macchina» di funzionare bene e persino di raggiungere età da Matusalemme.

Si tratta di una sezione della farmacologia ed è parte delle scienze di base e non ha come riferimento la persona che vive nell'ambiente. Il «vivere un poco meglio» è dimensionato specificamente su quell'uomo, in quel particolare ambiente fisico e sociale.

Un altro riferimento sempre parziale è quello delle psicologie che studiano i meccanismi e le dinamiche generali della psiche mentre devono diventare «psicologia del benessere» facendo riferimento all'esistenza, intesa come unità che viene percepita nell'essere-bene. Interviene anche la sociologia che si occupa esclusivamente delle dinamiche sociali e dunque delle caratteristiche dei differenti tipi di società.

Un insieme non è riducibile a una delle tre discipline, prese separatamente. Si deve immaginare, piuttosto, una sintesi che va riferita poi a un essere vivente, che aspira a «vivere meglio». Ed è un principio fondamentale della logica affermare che la sintesi di tre fattori non è uguale alla loro somma, ma a qualcosa di diverso.

Il *bendessere* presuppone invece un'ampia conoscenza di tutto quanto entra nei vissuti delle singole persone che, in questa sintesi, acquistano un significato che trascende il valore di ciascuna. Vi si aggiunge inoltre l'applicazione del singolo caso, che diventa sempre una specifica storia esistenziale.

L'apporto della farmacologia al *bendessere* non si rivolge all'effetto terapeutico che deve essere provato attraverso una ben controllata ricerca, ma si fonda su sostanze che non producono certamente danno, semmai mostrano effetti di tipo generale come le vitamine, i sali, gli integratori, i ricostituenti... In questo caso escono dalla stessa definizione di farmaci, non sono sottoposti pertanto ai controlli del processo attraverso cui producono un effetto terapeutico, né hanno bisogno di dimostrazione di efficacia.

In tale ambito trova spazio l'«erboristeria», che propone appunto estratti di piante, fiori, fibre. Propone prodotti estranei ai farmaci, che acquistano una nuova identità, proprio nella disciplina del *bendessere* che nella sua metodologia prevede la contemporanea valutazione dei tre fattori, nella sintesi operata sul singolo individuo.

Un intervento, pertanto, che si fonda sui bisogni esistenziali del singolo, sui desideri che persegue, al confronto dell'esperienza concreta di quando non vengono raggiunti. Entrano persino le fantasie. Un alternarsi tra frustrazione e gratificazione, che fa provare talora delusione, talora insoddisfazione nei rapporti interpersonali. L'essere bene è reso a volte difficile dai desideri «impossibili».

La promozione del bene-essere si lega a un miglioramento della visione del mondo, che incide sulle prospettive, sull'attivare la speranza che ha una grande capacità difensiva di fronte agli ostacoli della vita.

Ci sono personalità che si sentono vincolate a un dovere che finisce per rappresentare una cappa che rende difficile persino il respiro. E come abbiamo sottolineato, l'ambito non è però quello delle malattie che accentrano l'attenzione sulla cura medica. Il *bendessere* si colloca invece all'interno dell'esistenza, in tutte le sue variabili e la sua mutevolezza.

La promozione del bene in una persona ha, come presupposto, quella disposizione plastica che possiede l'essere umano e tende alla ricerca di un equilibrio che, fin dall'antica tradizione, è stato riferito alla figura del saggio. L'equilibrio parte dal tema della conoscenza del mondo, dei propri limiti. Fuggendo ogni semplificazione, si scopre la dimensione del mistero che ha notevole significato equilibratore, in quanto toglie forza a una volontà intesa come motore della propria esistenza e spinge a fare i conti con le molte individualità del mondo sociale. E ognuna deve guardare a quella degli altri.

Una volontà che si fondi solo sulle pulsioni e su specifici desideri finisce per costruire la figura del nemico che qualche volta esiste, ma spesso è il risultato delle creazioni di una volontà «di ferro».

Si tratta di riferimenti che sottolineano il clima per ritrovare il bene, quando una persona non è angustiata da una malattia d'organo, che finisce per rappresentare una sorta di contaminazione di un male, penetrato dentro la propria carne o nella psiche.

La dimensione dell'uomo tutto intero esprime efficacemente l'ampio spettro da cui dipende il bene-essere. Il saggio, che qui non è un modello ma una metafora, si caratterizzava anche per la fiducia che, allo stesso modo della fede nel trascendente, rappresenta il bisogno di legami, di sentimenti, che creino alleanze, appartenenze a gruppi sociali, su cui è possibile proiettare parte della sicurezza necessaria per vivere bene.

Senza rinunciare all'importanza del capire e della razionalità come strumento specificamente umano, ci si abbandona alla fede che, proiettata su propri simili o su un'immagine ideale, aiuta chi si sente inadeguato.

Anche in questo caso, ritorna l'equilibrio che non si fonda mai sull'*aut aut* ragione o fede, ma sull'*et et*.

La razionalità ha maggiore importanza per risolvere problemi non pressanti, perché la maniera per rispondere con questo sistema richiede tempo: talora, come nella scienza, l'esperimento è inserito in una catena che, dando risposta, contemporaneamente ripropone una nuova domanda. La fede invece ha effetti immediati sul *credo perché credo*.

Il termine «denaro» e i suoi correlati del potere assumono in questo ambito una dimensione trascurabile. In una visione esistenziale gratificante sono poco «umani». Rimandano alle ossessioni, al Super Io che Freud riportava a imperativi di una società o di una visione del mondo che finisce per cancellare ciò che rappresenta la voglia di «vivere meglio».

Da una lunga esperienza, dovrei affermare che il denaro non è mai indicato come lo strumento elettivo per poter rispondere al desiderio di vivere meglio. E potrei aggiungere che lo stesso desiderio di vivere meglio si rileva in molte persone che appartengono alla ricchezza.

Ritorna la metafora del saggio che non accetta mai il potere, ma vuole semmai esprimere un'autenticità, una autorevolezza, tutte caratteristiche dell'uomo «nudo».

Appare ancora più chiaramente come il denaro debba servire da «mezzo» per superare i bisogni principali, quelli che sono necessari per esprimere nel modo più ampio l'umanità dell'economia delle relazioni.

Sempre per dare senso al racconto della *disciplina del bendessere,* che si propone, come abbiamo detto, di contribuire alla promozione di una vita umana migliore seguendo criteri scientifici, si pone un'altra considerazione che riguarda il pensiero.

Un tema che assume una ancor più ampia dimensione, tanto da far apparire pura follia voler ridurre il senso di «bene» al denaro come appare dalla «leggenda» di un'economia della finzione e dell'imbroglio.

Il *bendessere* si riferisce alla promozione del bene nel singolo individuo. Ma ciò non esclude che non si possano creare interventi adeguati sul piano di una comunità, per favorire così il bene in tutta la società.

L'economia, vista come scienza dell'uomo tutto intero, viene a far parte di un sistema per promuovere condizioni di una collettività in cui il denaro come «mezzo» non genererebbe più una gerarchia di poteri che pone i ricchi da un lato e dall'altro i poveri. Non promuoverebbe più quel distacco tra le classi sociali, come mondi chiusi e contrapposti.

Scomparirebbe la percezione dello sfruttamento, che è un ostacolo enorme a vivere in pace. Promuoverebbe il rispetto, la giustizia nei trattamenti, impedirebbe fin dalla scuola elementare la diversità di un bambino dagli altri, poiché più povero. Si costruirebbe una società in cui i bambini giocano tutti insieme, non solo perché non conta il colore della pelle, ma più importante ancora non conta il denaro che una famiglia mostra di possedere, per distinguersi dalle altre.

Il mio limite professionale mi permette d'intervenire sulle persone singole, ma sono profondamente convinto che l'organizzazione per garantire condizioni esistenziali umane a tutti genererebbe anche bene-essere.

L'economia del bene, usando il denaro come strumento, si dedicherebbe al tema dell'educazione e a quello del lavoro: i due riferimenti su cui ci siamo particolarmente soffermati, come temi all'interno della cultura.

L'uso del denaro dentro la promozione del bene-essere

In questa visione del bene-essere, che abbiamo colto nella dinamica della sua promozione, entro una disciplina che gli attribuisce un complesso ma preciso significato, il denaro ritorna con un «volto» differente e nel limite di «mezzo» avrebbe un effetto benefico (da *bene-facĕre*).

Potrebbe aiutare a promuovere:

- La cultura, che significa occuparsi non della ricchezza pro capite, ma del livello d'intelligenza del Paese, del suo grado di educazione.

- La ricerca scientifica, che non è solo un settore della produzione applicata alla tecnologia, ma diventa ricchezza nel sapere e soprattutto nell'inventare, nello scoprire. La ricerca è il linguaggio comune di tutte le nazioni, poiché il risultato che si ottiene in una parte del mondo, diventa straordinariamente utile anche per quelle che non vi hanno partecipato. Insegna a ragionare, a pensare, in una società che ha perduto o non usa queste straordinarie funzioni del nostro cervello, e le sta delegando allo smartphone. Si è persino riconosciuta una «intelligenza artificiale», una proiezione su una macchina di titanio di una qualità che l'uomo sta perdendo, trasformandosi in robot.

- La generosità, che si può definire come il piacere di darsi agli altri, non nel senso del gesto eroico, ma di uno stile comportamentale che concepisce l'esistere come una relazione in cui si scambiano gli aiuti, le cose, mostrando così che rappresentano un invito alla relazione. Il rapporto è tra persone e non tra oggetti. Essere generosi, che vuol proprio dire provare piacere a condividere l'umanità, che è la caratteristica della nostra specie e solo in questa forma acquisisce una straordinaria spinta nel processo evolutivo. Se invece domina la chiusura dentro di sé, come piccole torri senza feritoie, allora il denaro e gli oggetti rappresentano una regressione, un'involuzione. Sarebbe bello che si potessero eleggere i «Cavalieri dell'altruismo», coloro che hanno una percezione positiva di sé, ma hanno bisogno per esprimerla di darsi all'altro.

- La solidarietà, che è la più straordinaria dichiarazione silenziosa della propria appartenenza all'umanità e fa percepire la presenza anche di chi non si conosce, ma di cui si sono sentiti talora difficoltà, talora successi. E si avverte che c'è un «qualcosa» che riguarda tutti. Un allargamento di quella sensazione che si prova, osservando una persona che non si è mai incontrata, vedendone ora il volto sereno oppure pensoso, che attiva una consonanza quasi si trattasse di qualcosa in comune. Ed è questa la vera percezione della specie, che viene sempre riportata al DNA, a una dimensione di molecole, mentre è la solidarietà a rendere manifesto che siamo della «stessa stoffa». Credo di poter affermare di aver girato questo nostro mondo e di essermi fermato talora a lungo in Paesi lontani, espressione di civiltà differenti. Mi vengono alla mente gli uomini e le donne dell'Africa antica, della Nuova Guinea, gli inuit dell'Alaska e del Canada, le riserve indiane del New Mexico negli Stati Uniti. Nella difficoltà di comunicare verbalmente, talora avvertivo però che c'era un riconoscimento, persino un'identità, e specchiandomi in quegli uomini, la cui storia appare diversa, ma non nella risonanza profonda, mi sono «arricchito». È un tempo molto curioso quello attuale, in cui la solidarietà si esprime anche verso altre specie viventi che, pur con linguaggi e con strutture fisiche e mentali molto diversi, rivelano una corrispondenza che porta ad aiutare, ma anche a giocare, a stare insieme. Una solidarietà interspecifica, che è la madre di quella appartenenza comune, dentro la natura.

- Bisogna continuare a sostenere il «lavoro», che qui intendiamo senza le tante declinazioni che lo hanno frammentato e distinto con termini che sembrano fare distinzioni di merito e di valore. Il lavoro è la condizione attraverso cui si esprime un ruolo che si lega alle caratteristiche, alla storia personale, all'ambiente in cui si vive. Non è però più possibile rivolgersi e premiare soltanto il lavoro che produce oggetti e profitto. I «Cavalieri del lavoro» non possono più essere nominati solo guardando al valore del denaro. È lavoro anche quello a cui si dedicano gli uomini della cultura. La fatica porta a spendere la propria vita in una miniera o in un grigio ufficio della burocrazia. Non è più accettabile che l'unica associazione al termine lavoro sia con il denaro. Un'azienda che promuova la gioia nel partecipare al lavoro è totalmente diversa, a parità di budget, da un'azienda costruita su una rigida piramide, in cui chi si trova su un gradino superiore non si degna di interloquire con quello posizionato un po' più sotto. È lavoro anche quello svolto da chi impegna la propria vita nei servizi pubblici, nelle forze dell'ordine, nella sanità. Non avranno raggiunto i budget del profitto, ma compiuto gesti di aiuto e di solidarietà.

- La nuova economia del bene, che potremmo definire «psicoeconomia», dovrà occuparsi di promuovere il grande valore di due termini di alto significato umano: gioia e fragilità. Significa privilegiare la gioia e mettere in secondo piano la felicità, oggi osannata. La felicità fa riferimento all'Io, al singolo, ed esprime la percezione che un uomo ha per quanto gli accade nella dimensione singola, a proprio vantaggio. Il significato non è certo negativo e in alcuni casi esprime un merito, ma ciò che ha bisogno di essere più sostenuto è il significato della gioia, che si rivolge invece al noi e, idealmente, a tutti. Una dimensione corale del raggiungimento del singolo, che si riflette sulle persone vicine e, in un'estensione maggiore, a tutta una comunità. Un piacere comune che porta a «sentire», a condividerne l'apprezzamento coinvolgendo, come in un'orchestra, tutti i componenti dell'organico.

Il termine fragilità si potrebbe definire analogo a gioia, anche se ha espressioni differenti. Le unisce la considerazione che ciò che accade a uno diventa percezione comune. E vi si aggiunge il fatto che tutti gli uomini sono fragili, ma questa caratteristica è al contempo la vera forza dell'umanesimo. Lo esprime bene il titolo di un vecchio e straordinario romanzo: *Nessun uomo è un'isola* di Thomas Merton. Come già abbiamo detto, la fragilità dell'uomo contiene il bisogno dell'altro ed è il motore della relazione, la fragilità è un valore dell'esistenza e spesso viene confusa con la debolezza, che ha invece come riferimento la forza e, dunque, il potere. L'economia della fragilità sa di umano, quella del potere riporta ai mali della società, non al suo bene.

- La gentilezza dovrebbe essere la parola chiave per riferirsi a uno dei settori di maggior valore per il nostro Paese: il turismo. Etimologicamente contiene il termine «gente» che si riferiva dapprima ai nobili e, successivamente, all'inizio del cristianesimo, ai «gentili», che erano i non ebrei della Giudea. Proviene dalla traduzione greca della parola ἔθνη che diventa *gentes*. Oggi esprime più un atteggiamento: «gentile» equivale a «cortese, garbato, sensibile». A me pare che l'ambito inizialmente riferito a una parte della popolazione debba ampliarsi alla specie umana, perché i confini tra etnie diverse sono caduti con i mezzi di trasporto e di comunicazione. La gentilezza deve entrare tra le caratteristiche dell'umanesimo, ed è più del rispetto, perché vi aggiunge una colorazione affettiva, un senso di comune appartenenza e di riconoscimento. Vengono subito in mente i versi di Dante nella *Vita nova*: «Tanto gentile e tanto onesta pare / la donna mia, quand'ella altrui saluta». In questo *incipit* del sonetto è proprio indicato l'incontro, che fa avvertire di essere parte, tutti, della stessa stirpe. È questo un atteggiamento di grande raffinatezza delle funzioni psichiche, e viene immediato il confronto con i concorsi che si svolgono invece in ogni nazione per eleggere la più bella figura, la Miss o il Mister, scelti per le caratteristiche del corpo. Nel confronto, la gentilezza diventa bellezza del comportamento e in tal caso riguarda solo l'umano. Da questa considerazione, si vorrebbe sostituire almeno per un po' i concorsi di bellezza con quelli della gentilezza, ma sono sicuro che chi è espressione di questo stile esistenziale non si presenterebbe come concorrente, per il suo senso della misura. A parte questo piccolo sfogo sulla banalità dell'apparire e del mostrare il corpo, la gentilezza riporta proprio a caratteristiche esclusive del nostro Paese, per la ricchezza della storia, delle arti, della natura di una penisola che si adagia sulle acque, illuminata dal sole e dai colori del cielo che richiamano mistero. Un Paese che sembra fatto per accogliere tutti e accompagnare davanti alle opere d'arte, rimanendo in silenzio a meditare sull'uomo e sulle sue capacità di creare e di dare forma all'immaginazione creativa. Nonostante il dominio della stoltezza, della distruzione, continuiamo a trovare reperti archeologici, a rispolverare nei magazzini dei musei opere che sembravano dimenticate. L'arte e la bellezza sono le espressioni della Borsa valori italiana e i titoli sono quelli di Leonardo, di Michelangelo, di Tiziano, del Canova, delle opere di Donatello... I nostri *Billionaire* dovrebbero essere la basilica di San Marco, la Piazza dei Miracoli di Pisa, il Battistero di Firenze, il Colosseo di Roma, la Cappella Sistina... Ma infiniti altri sono i luoghi in cui si recita la bellezza del nostro Paese e della nostra identità europea. Un Paese che non ha confronti con nessun altro, per il numero delle opere d'arte che possiede e anche per quelle che pur trovandosi all'estero provengono dall'Italia. È attorno alla bellezza e all'umanesimo che potremmo trovare quell'identità, quel gusto dell'appartenenza, per esprimere ciò che siamo. Ed è bellissimo che, a rappresentarci, sia quel termine g*entes*, radice di «gentilezza».

- Sembrerà strano, e un po' appare così anche a me, ma, all'interno della bellezza e delle considerazioni sul suo valore, mi torna alla mente una parola che rimanda a un comportamento molto umano: la preghiera. Quando tento di trovare un legame con la bellezza, mi pare di dover inserire la religione che, nel nostro Paese, trova profonde radici nel cristianesimo: la Chiesa che sul nome di Cristo è stata fondata. E subito, entro in un numero sconfinato di templi che dalle grotte giungono alla basilica di San Pietro, ai monasteri, alle pinacoteche, agli altari, alla *Pietà* di Michelangelo in San Pietro. Un'enormità di opere architettoniche, scultoree, pittoriche, ma anche una grande letteratura. Tutto questo è parte di quella ricchezza del nostro Paese che lo rende un museo e chiunque entra in Italia si trova in un museo. Un esempio è quello di Venezia, la cui basilica, prima che un'opera d'arte, è un miracolo. Ed ecco forse l'associazione tra bellezza, gentilezza e preghiera. Entrando in una chiesa per vedere gli oggetti d'arte, che sono indipendenti dalla fede, si sente una voce sommessa che prega. Il tempio del Dio cristiano in Italia è frequentato dai credenti, dai non credenti, dagli atei, da chi s'immagina sotto un cielo di dèi, definiti magari con nomi scientifici. La preghiera non è certo compatibile con l'economia del denaro, ma lo è sicuramente con l'«economia del bene». Il denaro come personaggio è troppo banale per far capire che cos'è un tempio, la sua bellezza, la voglia di pregare che suscita. E la preghiera ha insita la fragilità, la paura, il bisogno che qualcuno aiuti a vivere e dia un senso a questa meravigliosa e terrifica avventura dell'esserci, dell'esistere, con la consapevolezza dei limiti della grandezza umana rispetto a tutte le altre specie. Prima di vedere la preghiera come legame con Dio, io la sento come l'espressione più profonda e l'interpretazione più ampia della condizione umana. Non mi dedico certo alla teologia ma sento la preghiera come la necessità per esistere d'inventare un Dio anche non dovesse esserci. L'uomo ha bisogno di attaccarsi a qualcosa che sia stabile, sicuro, per potersi percepire come uomo. Io non so dove sia il Dio del cielo e della Terra, non so che cosa chiedergli, ma trovo dentro la mia carne la voglia di pregare. E in questo sentire, avverto che la preghiera è fatta di silenzio. Amo entrare nelle chiese, soprattutto in quelle ricche di bellezza. Qui non trovo solo tele di grandi maestri, ma avverto un salmodiare che ricorda il canto di un coro benedettino monocorde, di cui non percepisco le parole, ma unendomi a quel rumore che si fa preghiera, io stesso ascolto la mia preghiera, che non conosco.

Indice

Questo libro è stampato fabbricato da Grafica Veneta S.p.A.
con un processo di stampa e rilegatura certificato 100% carbon neutral
in accordo con PAS 2060 BSI

Finito di stampare nel mese di novembre 2023
per conto di RCS MediaGroup S.p.A.
da Grafica Veneta S.p.A., Via Malcanton 2, Trebaseleghe (PD)
Printed in Italy